Chercheurs d'emploi n'oubliez pas votre parachute

RICHARD BOLLES

Chercheurs d'emploi n'oubliez pas votre parachute

Annexes révisées 1996 par Simon Gagné
Édition mise à jour par Daniel Porot
Adaptée pour le Québec par Normand Saint-Vinçent

**Guide pratique pour ceux qui
cherchent un emploi ou qui veulent
changer de carrière**

Sylie Messinger/Guy Saint-Jean
ÉDITEUR

Données de catalogage avant publication (Canada)

Bolles, Richard Nelson

    Chercheurs d'emploi, n'oubliez pas votre parachute

    Traduction de: What color is your parachute?
    Publ. antérieurement sous le titre: N'oubliez pas votre parachute. c1983.
    Comprend des réf. bibliogr.

    ISBN 2-89455-029-4

    1. Recherche d'emploi. 2. Demandes d'emploi. 3. Orientation professionnelle. 4. Secondes carrières. 5. Recherche d'emploi - Québec (Province). I. Saint-Vinçent, Normand. II. N'oubliez pas votre parachute. III. Titre.

HF5382.7.B6414 1996   650.14   C96-941233-9

Ce livre a été publié aux États-Unis par Ten Speed Press sous le titre
What color is your Parachute?

Une coédition Guy Saint-Jean Éditeur Inc.
et Sylvie Messinger

Photographie de la page couverture: Bernard Parker
Conception graphique de la page couverture: Christiane Séguin

DIFFUSION POUR LE QUÉBEC
Diffusion Prologue
1650 boul. Lionel-Bertrand
Boisbriand (Québec)
Canada J7H 1N7
(514) 434-0306

Guy Saint-Jean Éditeur Inc.
674 Place-Publique, Bureau 200B
Laval (Québec) CANADA H7X 1G1
(514) 689-6402

Nous remercions pour la collaboration qu'ils ont apportée à cette Édition de *Parachute* et par ordre d'entrée en scène :

Richard Bolles, l'auteur
pour sa gentillesse et son sens
de l'humour.

Philippe Wood et Georges Young,
les éditeurs américains de *Parachute* pour
leur ouverture d'esprit et leur enthousiasme.

Patrick Arnoux, journaliste
pour la masse de conseils qu'il a bien voulu
prodiguer.

Agnès Riche, assistante d'édition
pour sa bonne humeur permanente
et la foi qu'elle a en ce livre.

André Noël, le monteur
pour sa discrétion et son efficacité.

Normand Saint-Vinçent
qui a rendu ce livre québécois.

Toute l'équipe avec laquelle j'ai travaillé,
et qui prend toujours tout du bon côté.

Grâce à eux le *Parachute* s'est enfin ouvert.

Daniel Porot

PRÉFACE

« Donne-moi un poisson et je mangerai aujourd'hui ; apprends-moi à pêcher et je mangerai toute ma vie. »

Au fil des pages, Richard Bolles illustre ce proverbe et vous enseigne la technique d'une pêche extrêmement difficile : celle qui vous permet de ferrer un emploi, que ce soit pour faire carrière, ou pour vous épanouir dans ce que vous aimez faire, ou, plus prosaïquement, pour survivre.

Autrement dit, « N'oubliez pas votre parachute » a pour objectif de vous rendre autonome lorsque vous partirez à la recherche d'un emploi. De vous rendre autonome pour votre vie entière, chaque fois où vous voudrez changer de carrière ou que vous serez obligé de trouver un nouvel emploi.

Selon les experts, le temps moyen passé au service d'un même employeur va être ramené de 7 à 4 ans ; autrement dit, une vie professionnelle représentera dans un futur proche 10 employeurs au lieu de 6 jusqu'à présent. Il faut donc vous préparer à rechercher un nouvel employeur tous les 4 ans, soit à mener 10 campagnes de pêche si vous êtes débutant. Les experts prévoient aussi qu'un individu changera totalement de domaine d'activité 3 à 5 fois dans sa vie. Parfois, il souhaitera lui-même le changement de cap et s'y préparera de gaieté de cœur. Le plus souvent, c'est contraint et forcé qu'il changera de sillage.

Enfin on estime que 50 % des métiers de l'an 2000 n'existent pas aujourd'hui. Regardez d'ailleurs autour de vous les métiers qui se sont créés au cours des 20 dernières années : informatique, audiovisuel, grandes surfaces... En toute logique une proportion presque identique de métiers actuels va disparaître, de l'ordre de 6 000 sur les 12 000 recensés.

En bref, si vous êtes en poste aujourd'hui vous serez en recherche d'emploi demain. Si vous avez déjà changé d'emploi plusieurs fois, il y a de fortes chances pour que vous changiez également de carrière.

Comment réagit notre société devant le nombre sans cesse croissant de demandeurs d'emploi? Un réflexe de peur et un sentiment de pitié la conduisent à mettre en place un réseau de services qui traduisent la volonté de faire quelque chose, mais dont la qualité principale n'est pas le dynamisme. Vous connaissez les agences, offices, bureaux pour l'emploi...

Selon Richard Bolles, aucun de ces services ne fonctionne vraiment bien; en fait, le nombre de personnes qui les sollicitent sans succès est ahurissant. Mais quand bien même ils vous seraient une aide, ils ne pourraient, dans la meilleure des hypothèses, que vous fournir un poisson. Ils vous sortiront de vos difficultés actuelles pour vous projeter bien souvent dans des emplois pour lesquels vous êtes sur-qualifié et dans lesquels vous vous ennuyez. Vous êtes peut-être sauvé mais toujours désarmé pour l'inévitable campagne à venir. Oui, juste un peu d'air, un peu de poisson! On ne tient pas longtemps à ce régime!

Il devient urgent pour notre société de tenter quelque chose pour apprendre à pêcher au demandeur d'emploi car le poisson ou le demi-poisson qu'on lui propose manque de dignité.

C'est la raison d'être du livre que vous tenez entre les mains. J'espère que vous le trouverez utile et efficace, que vous soyez un débutant, ou en train de choisir des activités pour votre retraite, ou plus probablement entre ces deux bornes de la vie.

Pour écrire «Parachute», Richard Bolles a fait deux ans de recherches, d'études et de voyages, parcourant plus de 120 000 km. Des centaines de personnes issues de tous les bords, de toutes origines, de tous secteurs — mais toutes créatives, consciencieuses et heureuses de ne plus crier dans le désert — l'ont aidé à cerner ce qui n'allait pas dans le système actuel. Parmi ces personnes, J. Crystal, homme de génie, a littéralement vidé ses tiroirs pour donner des preuves tangibles de la validité des principes sur lesquels ce livre repose.

Ce sont ces principes et les méthodes correspondantes que nous avons testés avec succès sur plusieurs milliers de personnes dans les pays de langues française et anglaise ou de cultures européenne et américaine. Femmes, débutants, «trop âgés», généralistes, spécialistes, tous victimes de la méthode classique, conformiste et traditionnelle, ont réussi leur vie ou une tranche de leur vie professionnelle grâce au «Parachute».

Apprenez à conduire une recherche d'emploi efficace de façon à bien utiliser vos talents.

Apprenez à changer de carrière de façon à être vraiment autonome.

Apprenez à pêcher.

Vous êtes sur le point de partir pour un voyage passionnant et parfois difficile, que vous ayez 16 ou 60 ans. Le ton souvent humoristique de ce livre n'a pas pour but de nier le côté capital de cette recherche pour votre vie et votre épanouissement; il est au contraire destiné à rendre ce voyage plus agréable et plus plaisant. Pourquoi les livres sur l'emploi seraient-ils tristes?

Bonne pêche!

N'oubliez pas, le filet du pêcheur est votre parachute!

Daniel PoROT

SOMMAIRE

Où étiez-vous, Fée ma marraine
quand j'avais besoin de vous?

Cendrillon

CHAPITRE UN

EN ROUTE
POUR LA COURSE
A L'EMPLOI

Voilà, nous y sommes!

Depuis quelque temps, régulièrement mais sans rien
entreprendre, vous y pensez: se mettre sur
le marché du travail pour gagner sa vie, cela
ressemble à quoi?

Peut-être en avez-vous déjà fait l'expérience,
et votre problème est de changer de carrière,
la vôtre n'offrant plus de débouchés.

Dans un cas comme dans l'autre, le moment
de vérité est arrivé; vous devez vous lancer
et chercher une situation, que ce soit pour
la première ou la centième fois.

Naturellement, vous savez tout des horreurs de
la chose; le cadre devenu chauffeur de taxi, le professeur
de C.É.G.E.P. qui se retrouve derrière le comptoir d'une
charcuterie, la diplômée en commerce, secrétaire. Vous vous
demandez ce que le sort vous réserve.

Il se peut, naturellement, que le problème se résolve
de lui-même: vous laissez tout tomber pour « mener
votre vie ». Le jeu vivre-survivre. Ou bien un ami
vous a attrapé(e) par le col du manteau et vous a
demandé: « Pourquoi ne viendrais-tu pas travailler
pour moi? » Votre course à l'emploi est terminée
avant d'avoir commencé.

Il se peut aussi que vous ayez changé de
carrière après des années passées
dans une autre branche.

« Vous savez que vous pouvez revenir quand
vous voulez. » Quand vous voulez,
ont-ils dit...

A supposer qu'ils soient sincères, vous n'avez
pas de problème. *Pour autant que ce soit
toujours ce que vous souhaitez faire.* Mais,
pour la majorité d'entre nous, les choses ne se
déroulent pas ainsi. A y réfléchir, nous serions
plutôt des Don Quichotte dont la course
à l'emploi serait le moulin à vent.

Tous ceux qui ont fait le parcours avant nous sont unanimes:
le moment critique venu, nous avons remis au lendemain.
Des tas de choses à régler, disions-nous. En fait, à
la vérité, nous attendons le miracle, et on sait bien lequel:
ne bougeons pas encore, il arrivera bien que nous n'ayons
plus à chercher une situation, c'est nous qu'on recherchera:
on nous apportera des propositions sur un plateau.
Ce sera la preuve que le destin nous est favorable
et que Dieu nous aime. Les choses, naturellement,
ne se passent pas comme cela, et nous finissons
par comprendre que le temps, et l'argent, filent.

Il est urgent de s'y mettre. Tous nos proches se
manifestent, donnent des conseils — que nous les
sollicitions ou pas. « J'ai toujours pensé que
tu ferais un excellent professeur. » Nous demandons
qui ils connaissent dans le monde universitaire.
En possession d'un nom, nous entamons le processus
de l'appel. Nous appelons, nous attendons, nous
nous gelons les pieds dans l'antichambre d'un
doyen jusqu'à ce qu'enfin il nous reçoive et
nous pose une question : « Que puis-je faire pour vous ? »
Nous lui disons, bien sûr, que nous cherchons
une situation. « Un de mes amis a pensé que vous... »
Nous observons son changement d'attitude,
puis (nous nous y connaissons dans le langage
de l'expression corporelle) nous attendons
que son discours rattrape son corps. « Vous pensez
que je suis trop bien pour ce travail ? Oui, je vois...
Vous avez déjà reçu deux mille demandes pour
cent postes ouverts ? Je comprends, bien sûr. »
On tire un trait. Retour à la case départ.
De nouveaux conseils. « Vous avez essayé les agences
de recrutement ? » « Bonne idée, entendu. J'irai. »
Et nous y allons... De nouveau, l'antichambre,
et ces visages porteurs de nos espoirs
et de nos obsessions. Et un nouveau tour d'écrou,
la première ronde des formulaires standards à remplir.
« Emplois précédents. Commencer par les derniers. »
Répondre à toutes les questions.
Et l'attente Interminable.
Et puis, enfin le premier entretien.
Elle en fait trop dans la chaleur de l'accueil.
« Voyons... quelle sorte d'emploi recherchez-vous ? »
« Eh bien, dites-vous... que pensez-vous
que je pourrais faire ? » Elle se repenche
sur le questionnaire. « Il me semble qu'avec
votre formation — c'est assez rare —
vous réussiriez très bien dans un poste commercial. »
« Un poste commercial ? » disons-nous.

« Oui... Je pense même vous trouver
quelque chose très rapidement.
Je vais vous contacter. C'est bien votre numéro
de téléphone ? » D'un hochement de tête,
nous faisons signe que oui, nous lui serrons la main.
Nous n'entendrons plus jamais parler d'elle.
Ce monde est, tout compte fait,
diablement malhonnête.
On repart. Case numéro deux.
Notre petit nuage rose — l'espoir de trouver
rapidement quelque chose — tourne au gris.
Nous nous décidons à faire appel à nos amis,
si nous en avons, qui ont particulièrement
bien réussi dans les affaires. Eux sauront *sûrement*
ce que nous devons faire.
Le moulin à vent commence à nous fatiguer.
Que suggéreraient-ils à Don Quichotte ?
« Voyons, qu'est-ce que vous voulez faire ? »
Et on recommence. « Eh bien vous me connaissez.
A votre avis, qu'est-ce que je peux faire ?
Je suis prêt(e) un peu à tout. »
Le désespoir nous talonne.
« Avec tout ce que j'ai fait ici et là, j'ai,
pratiquement, des connaissances multiples.
Il y a bien *quelque chose* que vous puissiez me suggérer ! »
« Est-ce que tu as essayé les petites annonces ?
As-tu été voir Pierre, Paul et Jacques ?
Non ? Eh bien, dis-leur que tu viens de ma part. »
Nous voici repartis, tout requinqués.
Nous nous penchons sur les offres d'emploi.
Diable, que de misères se cachent derrière
ces petits rectangles ! La misère de petits
boulots minables, aussi étriqués que ces pavés
noirs et blancs. Consciencieusement,
nous envoyons notre curriculum vitae à toutes
ces boîtes postales, comme si elles pouvaient
être autre chose que des boîtes !
Puis, nous attendons l'avalanche des réponses

de personnes éclairées qui, à la lecture de nos brillants
états de service, auront immanquablement su
discerner nos qualités. Avalanche?
Pas même une pierre qui roule...

Le moment est venu de contacter ces relations
que notre ami nous a recommandé de voir.
Vous savez... Pierre, Paul et Jacques.
Ils sont légèrement perplexes quant
à la raison de notre visite et ne voient pas du tout
ce qu'ils pourraient faire pour nous.
Nous essayons bien de les aiguiller.
« J'ai pensé, cher ami d'ami, que
votre société pouvait avoir besoin...
Bien sûr, mon expérience est limitée
mais je suis plein(e) de bonne volonté et
je me suis dit que... »

Notre entretien se prolonge et prend
une pente nettement descendante quand
notre interlocuteur appose sa signature
au bas d'une lettre de remerciement
qui ne nous est pas adressée à nous, bien sûr,
mais à l'ami qui nous a envoyés.
Et nous voilà repartis pour une course
effrénée; nous remuons ciel et terre;
nous parlons à tous ceux
qui sont prêts à écouter,
et écoutons tous ceux
qui sont prêts à parler.
Il doit bien exister quelqu'un
qui sache comment percer le mur du travail.

Cette course à l'emploi est la tâche
la plus solitaire qui soit.
Est-elle aussi difficile pour les autres?

La réponse est: OUI.

Ont-ils atteint ce niveau de découragement,
de désespoir,
de frustration?
Ont-ils si piètre estime d'eux-mêmes?
Malheureusement,
la réponse est OUI, OUI, OUI.

*Certes, vous avez
de très grandes dents! Mais qu'importe
Vous avez tout de même été très
bonne de m'accorder cet entretien.*

Le petit chaperon rouge

CHAPITRE DEUX

LE CHOC
DU REJET

NOS MÉTHODES
SONT PRÉHISTORIQUES

Certes, ce tableau n'est pas des plus gais. Mais d'innombrables demandeurs d'emploi — dont vous et moi — l'ont vécu, le vivent et le vivront. Peut-être en pire.

Pourquoi?

Est-ce parce que nous sommes différents des autres demandeurs d'emploi? Non. 95 % des gens dans cette situation connaissent ce même parcours.

Disons-le nettement et franchement: le processus de la recherche de l'emploi date, dans son ensemble, de Neandertal. (Oui, NEANDERTAL).

Sur 23 millions de Canadiens (6 millions au Québec), la population active est de 12 millions au Canada et de 3 millions au Québec; c'est-à-dire que, à un moment ou un autre de notre existence, la moitié d'entre nous aura été, ou sera, immanquablement confrontée au problème de l'insertion dans la vie active.

Année après année, notre «système» nous condamne tous, hommes et femmes, à suivre le même chemin, à faire face aux mêmes difficultés, à commettre les mêmes erreurs, à souffrir des mêmes frustrations, à éprouver le même sentiment de solitude pour nous retrouver, au terme d'une période démesurément longue, toujours sans emploi ou, *ce qui est beaucoup plus vraisemblable*, sous-employé dans un domaine qui ne nous convient pas, à un poste qui n'est pas pour nous, ou bien au-dessous de nos compétences. C'est vraiment Neandertal!

Et quand nous demandons aux « spécialistes » — « Montrez-moi un meilleur moyen... » —, nous constatons avec tristesse que les bons (il y en a) sont peu nombreux, rares comme les beaux jours et extrêmement difficiles à trouver; les autres (ces fameux responsables du personnel ou du département des ressources humaines) sont pour la plupart, au fond d'eux-mêmes, dans leurs moments de recul, *aussi déconcertés que nous par cette recherche de l'emploi, et également conscients de ne pas en avoir trouvé encore la solution.*

Et ceci devient évident lorsque *ces spécialistes eux-mêmes*, ayant perdu leur emploi, doivent rejoindre la cohorte de « ceux qui sont sur le pavé ». Vous auriez pensé qu'ils baigneraient dans leur élément et sauraient exactement comment agir. Il n'en est rien. Le cadre moyen (même s'il vient d'un service du personnel) qui, la veille encore, sélectionnait, interviewait, embauchait, est aussi embarrassé que n'importe qui *pour rechercher un emploi systématiquement, méthodiquement et efficacement.*

Le plus souvent, le meilleur des plans de bataille qu'il puisse envisager pour lui-même, ne diffère pas de celui que, dans le passé, il pouvait conseiller aux autres: « Le jeu des grands nombres ». Vous avez bien lu: « le jeu des grands nombres ». Il porte parfois un nom plus élaboré (comme *recherche systématique d'emploi*) mais, dans la plupart des cas, il revient au même, et nombre de spécialistes honnêtes ne l'appellent pas autrement.

LE JEU DES GRANDS NOMBRES

A l'origine, quelqu'un a dû le concevoir à *l'envers* mais il est relativement simple. Sa logique est la suivante:

Pour trouver une situation qui lui plaise vraiment, le demandeur doit pouvoir choisir entre deux ou trois propositions émanant de différents employeurs. Ce qui implique *au moins* six entretiens dans des sociétés diverses.

Pour les obtenir, il faut dresser un plan de campagne par correspondance (mailing): envoyer un nombre X de curriculum vitae avec des lettres d'accompagnement ou tout autre élément susceptible de titiller l'intérêt des employeurs éventuels et de leur comité de sélection (les services du personnel, les cadres supérieurs, etc.). Par exemple: des télégrammes, des lettres recommandées, n'importe quoi. Bon, mais ce «X», c'est combien? Les statistiques montrent que pour 100 curriculum vitae expédiés, la moyenne des convocations se situe entre 2 et 12.

La démonstration est limpide: vous devez envoyer au moins 500 demandes — certains disent pas moins de 1000 à 1200, d'autres que ce chiffre peut être illimité. Postez-en de 10 à 15 par jour après les avoir enregistrées, et recensez les résultats: réponses, entretiens, etc.

Voilà ce qu'est, brièvement résumé, le Jeu des grands nombres. Il vous plaît?

Vous trouverez chez votre libraire bon nombre d'ouvrages qui vous l'expliqueront pour pas cher.

La majorité des conseillers de carrière que vous pourriez consulter (pour des honoraires dépassant parfois $3,000.00) ne vous en diront guère plus, si ce n'est que, éventuellement, ils vous feront passer quelques tests psychologiques sommaires et procéderont à une simulation d'entretien.

Les membres des services du personnel que vous serez amené à rencontrer vous conseilleront gratuitement... mais toujours dans le cadre de cette méthode.

EST-CE QUE ÇA MARCHE?

Soyons réalistes: peu importe ses allures de loterie; ce Jeu des grands nombres fonctionne admirablement bien pour certaines personnes. Elles sont en veine de chance et se retrouvent précisément au poste qu'elles convoitaient. Leur satisfaction est totale... particulièrement si, avant de tomber sur cette méthode, leur course à l'emploi avait été quelque peu désordonnée. Par contraste, donc, ce jeu donne de magnifiques résultats — *pour certaines personnes.*

Pour d'autres, il fonctionnera beaucoup moins bien. Elles trouveront un travail quelconque et toucheront un salaire. Mais il apparaîtra que cette occupation ne correspond pas vraiment à leur attente et que leur salaire sera légèrement inférieur à leurs besoins ou à leurs espérances, mais ... un-travail-est-un-travail, un-travail-est-un-travail! Par parenthèse, remarquons que notre système de recherche d'emploi excelle à faire peur aux gens. Tellement peur qu'ils en arrivent à se sous-estimer et, donc, à baisser le niveau de leurs ambitions.

Enfin pour l'énorme majorité de ceux qui l'utilisent (approximativement 80 à 95 %), l'échec est total — principalement s'il s'agit de reconversions de carrière —, en dépit de très notables exceptions.

Certains demandeurs d'emploi ont envoyé jusqu'à 400, 500, 600, 700, curriculum vitae, ou plus, sans jamais être convoqués pour un entretien; ils n'ont reçu en retour qu'un accusé de réception de pure forme (« Votre lettre du 16 nous est bien parvenue. Nous avons le regret... ») ou un refus tout aussi poli (« Nous conservons néanmoins votre lettre dans nos dossiers — *la corbeille à papiers* —, et au cas où ... »), ou pas de réponse du tout.

DES TÊTES EN FORME DE FEUILLES DE PAPIER

Si l'on se place du point de vue des organismes recruteurs, la difficulté du problème n'est pas moins évidente. Certaines grandes banques reçoivent jusqu'à 25,000 candidatures pour 500 postes. Le marché du travail flotte sur une mer de curriculum vitae. Dès lors, dans les services chargés de leur réception, le mot d'ordre n'est pas sélection mais *élimination*. (Si vous êtes porté sur l'agriculture ou la lecture biblique, vous préférerez : « séparation du bon grain de l'ivraie »). Et là, commence la routine : des têtes-en-forme-de-feuilles-de-papier s'entassent inlassablement, jour après jour, sur les bureaux. Si vous en étiez chargé(e), que feriez-vous de ces piles? Bien naturellement, vous en prendriez rapidement connaissance dans l'idée de les réduire à des dimensions plus humaines, et vous chercheriez quelles candidatures éliminer.

Qui a l'insigne honneur de procéder à cette tâche douteuse? Des employés qui gagnent à peine le salaire minimum et que ne rebuteraient pas les fonctions de PDG; et des PDG à plus de $60,000.00 par an, qui aimeraient peut-être se retrouver dans la peau d'un simple employé. Et ces curriculum vitae sont si mal rédigés qu'ils ne permettent pas de se faire la moindre idée de leur signataire! D'autres, trop habilement mis en forme (généralement avec l'aide rémunérée d'un professionnel) pour donner une quelconque indication!

Et ces gens qui posent leur candidature à un poste qui les intéresse exactement comme s'ils n'avaient pas les qualifications requises. Ce sont eux qui passent le plus difficilement les barrages. Nous les qualifierons de « zigzaguants » ; ils ont acquis une riche expérience de leur profession zig, et veulent se lancer dans un métier zag. A moins que leurs demandes ne soient très astucieusement présentées (nous y reviendrons dans un chapitre ultérieur), pour elles, la sélection, c'est Waterloo !

Bon ! Dans l'ensemble, quelle chance a votre curriculum vitae de passer la sélection ? Une estimation statistique menée auprès de différentes organisations montre qu'elles envoient, en moyenne, 1 convocation pour 245 candidatures reçues[1] ; mais la gamme est très étendue ; certaines répondent dans des proportions de 1 pour 36, d'autres de 1 pour 1188. Pour s'en tenir donc à cette première étape de la sélection, la commission qui en est chargée éliminera, dans le premier cas de figure, 35 personnes sur 36, si nous tombons bien ; ou 1187 sur 1188, si nous avons affaire à une organisation particulièrement sévère.

Libre à vous, naturellement, de mettre ces chiffres en doute et de les juger tout simplement incroyables. Vous pourrez choisir de redoubler d'efforts pour faire en sorte que votre curriculum vitae reste le dernier en lice. Ou bien, vous souhaiterez connaître un système plus sûr que le Jeu des grands nombres. Nous allons nous efforcer d'aider trois catégories de personnes : les sceptiques, les battants et les amateurs de changement.

LE CHOC DU REJET

Avant tout, le demandeur d'emploi doit comprendre le système : sa nature, son fonctionnement, ses limites, ses failles.

Pourquoi ? Principalement pour s'épargner le « choc du rejet ». Celui-ci survient quand vous avez suivi fidèlement les instructions données à propos du Jeu des grands nombres (par des livres, des articles, des relations, des conseillers professionnels), que force vous est de constater qu'aucune ne fonctionne dans votre cas et, qu'au bout de tant de temps, vous êtes toujours sans emploi. Vous ressentez alors le choc ; ses caractéristiques sont une érosion, rapide ou lente, de votre confiance en vous, l'intime conviction que quelque chose ne va pas. Autant de préludes à une baisse d'ambition, à la dépression, au désespoir ou à l'apathie. En conséquence, ce choc prend les proportions d'une crise grave dans votre existence, dans vos rapports amicaux et familiaux, crise qui mène à la solitude, à l'irritabilité, au retrait ; souvent au divorce, et parfois au suicide. (*Un éminent conseiller de carrière*

1. Étude de Deutsch, Shea et Evans.

américain a fait une étude sur 15 000 de ses clients et établi que 75 % d'entre eux, soit envisageaient le divorce, soit étaient en cours de divorce, soit venaient de divorcer)[1].

Le choc du rejet se produit également quand, ayant obéi consciencieusement aux règles du Jeu des grands nombres, vous devez admettre qu'il n'a réussi que *partiellement* et que vous avez finalement trouvé un emploi dans lequel vous êtes *sous-employé(e)*. Vous n'êtes pas dans votre domaine, ou le poste ne vous convient pas, ou vos capacités sont loin d'être utilisées. Le choc vient de ce que vous vous sentez sous-estimé(e), mal à l'aise, sous-payé(e) et mal employé(e); et que vous pensez devoir vous satisfaire de cette situation parce que *quelque chose pèche définitivement en vous*. Dans cet état de choc, jamais il ne vous viendra à l'idée que la faille vient des méthodes de recherche d'emploi utilisées dans notre pays.

UN DRAME NATIONAL

L'objectif numéro un de tout demandeur d'emploi devrait consister à éviter non seulement ce mal évident qu'est le Non-emploi, mais également celui, moins évident, du Sous-emploi et à y consacrer tous les moyens dont il dispose. Mieux encore, vous devriez décider d'aider les autres à comprendre le système, de telle sorte que leur soit évité le fléau que représentent ces deux maux.

Les spécialistes estiment que 80 % au moins de la population active sont couramment sous-employés[2]. Il s'agit là d'un drame national, mais les gens acceptent cette situation tant ils jugent le sous-emploi préférable au non-emploi. Ils préfèrent taper sur une machine à écrire que de battre le pavé.

Cette peur instinctive est justifiée. Les spécialistes ne cessent de brandir des statistiques montrant que les personnes qui cherchent un emploi, en espérant en trouver un plus satisfaisant prennent un risque énorme. En particulier celles qui avancent en âge (doux euphémisme!), celles qui sont sous-employées, ou les deux à la fois. Comme en témoignent les chiffres suivants qui concernent les hommes.

Parmi les cadres de haut niveau qui s'efforcent d'améliorer leur situation, c'est-à-dire d'atteindre un salaire supérieur à $40,000.00 par an, 75 % échouent. Par ailleurs, selon Statistique Canada, il faudra en moyenne au Québec environ 6 mois pour qu'un salarié mis en chômage se retrouve un nouvel emploi.

1. Étude menée par J. Frederick Marcy et Associés.
2. Étude réalisée sur une période de 16 ans auprès de 350 000 candidats à l'emploi par l'université de Californie à Fullerton.

L'explication en est que, *pour une large part,* le processus de recherche d'emploi est mal compris.

Le résultat, c'est le Choc du Rejet.

Le drame.

COMMENT MANIPULER LE JEU DES GRANDS NOMBRES ET NE PAS SE LAISSER MANIPULER PAR LUI

Une deuxième raison plaide pour l'examen détaillé du Jeu des grands nombres : vous pourrez éventuellement en retenir *certains points* qui *viendront à l'appui* de votre plan de campagne principal, tel qu'il est exposé plus loin.

Une étude américaine sur *La chasse au métier* signée Harold Sheppard et A. Harvey Belitsky révèle que, plus nombreuses sont les voies secondaires explorées, plus grande est la chance de réussite. Il est donc raisonnable de prendre connaissance de toutes les voies, de leur configuration et de leurs limites ; vous pourrez ainsi choisir celle que vous souhaitez emprunter et de quelle manière. A cet égard, le volant est entre vos mains.

Les éléments du Jeu les plus communément évoqués sont l'envoi de curriculum vitae, la prise de contact avec des conseils en recrutement, la réponse aux petites annonces publiées dans la presse, l'insertion d'annonces dans la rubrique *Demandes d'emploi,* les visites aux centres d'emploi du Canada, aux centres travail-Québec, aux centres de placement des collèges et universités, la mobilisation des amis, des relations, et ainsi de suite.

Examinons, rapidement et dans l'ordre, chacun de ces éléments, leurs côtés positifs comme négatifs ; nous verrons ainsi ce qui les fait généralement échouer, et comment venir à bout de leurs failles (que des chiffres *illustreront* au fur et à mesure). Vous remarquerez que certains sont pour le moins *inattendus.* Poursuivons donc notre belle histoire !

LES AGENCES DE RECRUTEMENT ET LES CHASSEURS DE TÊTES

Si vous jouez au Jeu des grands nombres et particulièrement si vous acceptez de rémunérer quelqu'un pour vous guider, on vous conseillera d'envoyer votre curriculum vitae à des Agences de recrutement, ou à des Chasseurs de têtes. Mais, qui sont-ils ? Ce sont des sociétés qui recrutent des cadres en activité pour le compte d'employeurs et contre rémunération. Vous pouvez en conclure qu'ils sont informés des postes vacants et s'occupent de les pourvoir. C'est la raison pour laquelle bon nombre de spécialistes vous conseilleront de ne pas les omettre dans vos envois.

Vous trouverez la liste des chasseurs de tête et des agences de recrutement en annexe 2/4 et 2/5.

Les pratiques professionnelles des agences de recrutement et des chasseurs connaissent actuellement une certaine évolution. Les premiers, qui ne procédaient que par petites annonces, utilisent également l'approche directe; tandis que les chasseurs de têtes qui travaillaient exclusivement par téléphone commencent à faire paraître des offres d'emploi, le plus souvent sous une autre raison sociale.

Vous jugeant assez bon professionnel, vous décidez d'adresser votre curriculum vitae à ces organismes — ils ne vous l'ont pas demandé, vous agissez de votre propre chef. Or, nous avons vu qu'ils ne peuvent pourvoir *qu'une moyenne de 10 postes* dans une période donnée, et qu'ils recherchent principalement des personnes en place et particulièrement performantes.

Le conseil en recrutement, ou le chasseur de têtes, a donc, à la fin d'une semaine, une pile d'une centaine de demandes sur son bureau — dont la vôtre ou la mienne. Vous n'ignorez pas le sort que vont subir ces Têtes-en-forme-de-papier: le bon vieux processus de l'élimination, du tri, de la sélection. Nos chances de survie? Disons que les premiers éliminés sont ceux: a) qui n'ont pas actuellement un poste de cadre, b) qui ne sont pas employés comme tel, c) dont la carrière n'est pas ascendante — c'est-à-dire vous et moi.

C'est la raison pour laquelle, nombreux seront les spécialistes qui vous diront: *« Laissez tomber ! »*.

AGENCES DE RECRUTEMENT

Dénominations : Conseils en recrutement, conseillers de sélection, consultants en personnel, spécialistes d'approche directe.

Surnoms : Chasseurs de têtes, marchands de viande, débaucheurs.

Nombre : Une cinquantaine d'agences de recrutement traditionnelles qui travaillent par le biais de petites annonces publiées dans la presse ; une douzaine de «chasseurs de têtes» qui travaillent en approche directe, sans petites annonces. Plusieurs de ces firmes ont d'autres activités que celle du recrutement (par exemple, le conseil) et il arrive que des sociétés de conseil fassent du recrutement.

Volume d'activité : Très difficile à cerner. Entre $500,000.00 et $4,000,000.00. Les honoraires sont généralement calculés en pourcentage sur le salaire annuel de la personne recrutée (12 à 25 % pour les cabinets de recrutement ; 20 à 35 % pour les chasseurs de tête).

Pourcentage du marché : 10 à 15 cadres sur 100 trouvent un emploi par l'intermédiaire des agences de recrutement. Ils pourvoient environ 1/3 des postes pour cadres offerts par petites annonces et celles-ci représentent 40 % du marché, donc 1/3 de 40 % = 12 %.

Nombre de postes gérés par un cabinet : Chaque membre peut gérer parallèlement une moyenne de 4 à 8 recherches ; ainsi, le nombre de missions de recherche ou de postes à pourvoir à un moment donné est égal à 5 fois le nombre de recruteurs du cabinet. La plupart des cabinets emploient 2 recruteurs (soit 12 recherches menées de front).

RÉPONDRE AUX PETITES ANNONCES

Les spécialistes vous conseilleront, par conscience professionnelle, de lire attentivement *toutes* les petites annonces qui paraissent le jour même de leur publication. Si vous en trouvez une qui corresponde à vos qualifications, ne serait-ce qu'aux trois quarts, vous enverrez :

— votre curriculum vitae,

— OU votre curriculum vitae accompagné d'une lettre de candidature,

— OU une lettre de candidature seule.

En bref, vous entrez de nouveau dans le Jeu des grands nombres, et les chances sont contre vous de la même manière qu'elles le sont quand vous envoyez vos curriculum vitae dans le désordre. Jusqu'à quel point? (Mieux vaut vous asseoir avant de poursuivre). Des études menées tant en Europe qu'aux États-Unis démontrent que presque toutes les entreprises industrielles et commerciales reçoivent des candidatures spontanées. En ce qui concerne les petites annonces et compte tenu du problème posé par le nombre de réponses qu'elles reçoivent, il semble que les entreprises les utilisent de moins en moins. Alors qu'au début des années 70, 50 % des cadres étaient recrutés par cette voie, il n'y en a plus que 40 % actuellement.

Vous êtes peut-être de ceux qui aiment prendre tous les paris et, en conséquence, vous voulez tenter votre chance. (Soyons honnêtes: pour quelques demandeurs d'emploi, répondre aux petites annonces a été payant.)

Si vous êtes prêt à jouer ce jeu, voici quelques conseils ou mises en garde:

1. l'essentiel est d'être convoqué pour un entretien; il vous faut donc noter les critères d'embauche spécifiés dans l'annonce, puis y adapter votre curriculum vitae; ou, si vous préférez cette formule, rédiger une lettre énumérant les éléments de votre vie personnelle et/ou professionnelle qui s'en approcheront le plus;

2. ne rien mentionner d'autre (pour ne pas fournir matière à élimination);

LES PETITES ANNONCES
«OFFRES D'EMPLOI»

Où les trouve-t-on ?
Dans environ 25 publications : quotidiens, magazines.

Emplois proposés : ceux qui ont un titre bien défini ; ceux qui correspondent à une fonction plus ou moins précise ; ceux qui correspondent à un profil très répandu ; ceux qui correspondent à un profil extrêmement peu répandu.
Nombre de curriculum vitae reçus après parution : 30 à 200.
Selon une enquête menée à partir de plusieurs journaux ou magazines, une petite annonce offre d'emploi recueille en moyenne 75 réponses.
Délai de réception des dossiers de candidatures : deux à trois jours ; le 3e jour est, généralement, le plus fourni.
Nombre de curriculum vitae qui ne sont pas écartés : entre 5 et 15 ; 85 % à 95 % sont éliminés.

CE QU'IL FAUT SAVOIR
SUR LES PETITES ANNONCES OFFRES D'EMPLOI

Annonces bidon: le poste invoqué n'existe pas. Généralement le fait d'agences de recrutement qui étudient le marché pour se constituer des fichiers à bon compte.

Annonces sans chiffre: pas de nom d'organisme, un simple numéro de boîte aux lettres. Y répondre représente le plus souvent une perte de temps.

Annonces avec numéro de téléphone: n'appelez que pour convenir d'un rendez-vous. (« J'appelle de mon bureau; je ne peux pas parler. ») Attention: quelques mots de plus risquent de vous faire éliminer sur ce simple appel.

Annonces pièges comprenant des phrases comme: « investissez dans votre avenir ». Elles signifient que vous allez devoir acheter votre emploi *avec votre argent* (et parfois très cher).

3. si l'offre demande que soient mentionnées les prétentions salariales, certains spécialistes conseillent de les passer sous silence; d'autres indiquent une fourchette (très ouverte), accompagnée d'une précaution de style (« selon la nature et l'étendue des responsabilités »). S'il n'en est pas fait état, *n'en parlez pas vous non plus*. Pourquoi leur donner une raison de vous éliminer?

VOUS VOULEZ PLACER
UNE PETITE ANNONCE DEMANDE D'EMPLOI

INSERTION D'UNE ANNONCE

Intitulé de l'annonce: demande d'emploi.

Dans quel support: dans les quotidiens, hebdomadaires de votre choix; dans les revues spécialisées de la branche envisagée.

Coût: variable. De $5.00 à $10.00 pour une annonce classée dans un grand quotidien. De $150.00 à $300.00 pour un bloc dans la rubrique « Carrières et professions ».

Efficacité: très grande pour recueillir des réponses de sociétés d'interim, de démarcheurs, etc. Rendement très faible des employeurs: ils lisent rarement ces rubriques.

Conseil: abstenez-vous. Sauf si, ne voulant exclure aucune piste, vous choisissez un journal professionnel correspondant étroitement à votre spécialité. Mais interrogez au préalable des personnes qui ont tenté cette démarche.

CHERCHER DE L'AIDE AUPRÈS DES ORGANISMES OFFICIELS D'EMPLOI

C.E.C.
Centres d'emploi du Canada

Les centres d'emploi du Canada sont un service public d'emploi qui servent d'intermédiaire au placement de la main-d'œuvre partout au Canada.

Il y a quelque 127 centres au Québec dont 3 sont itinérants, 1 à Montréal qui se consacre aux cadres et professionnels universitaires ainsi qu'un autre à Montréal qui offre ses services plus spécifiquement aux immigrants.

Outre ses fonctions de placement de la main-d'œuvre, le C.E.C. s'occupe de sélectionner et de présenter des candidats à des cours de formation et offre des ateliers qui donnent aux personnes en quête d'emploi, l'occasion de développer les attitudes et d'acquérir les compétences ainsi que les outils nécessaires à une recherche d'emploi autonome. Pour plus de détails, ainsi que des adresses, voir annexe 3/1.

LES CENTRES TRAVAIL-QUÉBEC

Travail-Québec est le réseau du ministère de la Main-d'Œuvre et de la Sécurité du Revenu du Québec. Les Centres Travail-Québec offrent des services à l'ensemble de la population de la région, plus particulièrement aux travailleurs et travailleuses, aux personnes à la recherche d'un emploi, aux personnes qui ont de la difficulté à intégrer le marché du travail, ainsi qu'aux personnes qui, faute de pouvoir travailler, ont besoin d'une aide financière de dernier recours.

Les principales activités des centres Travail-Québec concernent :

— Les services reliés à l'emploi.
— Le placement de la main-d'œuvre.
— Les programmes de création d'emploi.
— Les services de maintien de l'emploi.
— Les services aux jeunes (les Modules jeunesse).
— Le placement étudiant.
— Le service aux personnes handicapées.
— Le programme de formation et de qualification personnelles.
— Les services conseil.
— L'attribution de l'aide financière.

Il existe plus de 130 centres Travail-Québec répartis dans les diverses régions de la Province.

Voir les adresses dans Annexe 2/2
Voir aussi les centres d'emploi sur le campus
Annexe 2/3
ainsi que les associations
Annexe 2/9

VOICI D'AUTRES IDÉES

Trombinoscopes : Certaines écoles, certains instituts, certaines universités établissent des «trombinoscopes». Ils publient, dans des annuaires ou des fascicules, les curriculum vitae (détaillés ou sommaires suivant les cas) de chacun de leurs diplômés, accompagnés de leurs photos. La présentation en est généralement assez réussie. Mais il ne s'agit, ni plus ni moins, que d'un pari qui s'apparente à celui du Jeu des grands nombres : c'est une recherche d'emploi menée à l'aveuglette car les descriptions personnelles sont extrêmement succinctes (donc ne donnent guère d'indications permettant de se faire une idée), le classement est alphabétique (ce qui n'aide pas la lecture et rend hypothétique qu'un employeur s'arrête sur vous dans cette galerie de portraits). Les qualités principales de cette formule sont de flatter votre ego et de

fournir du travail aux photographes et aux imprimeurs. Toutefois, si vous pensez pouvoir vous y mettre en valeur et que votre budget n'en soit pas trop écorné, allez-y...

Faites dans l'audace : Envoyez votre curriculum vitæ, votre dossier, un message sous une forme intrigante (avec un gadget astucieusement choisi, avec un disque souple ou une bande magnétique dans lesquels vous vous serez exprimé, dans un paquet...) Jouez les hommes-sandwich devant les bureaux de la société de vos rêves. Etc. Mais, attention ! Le risque, là, est énorme car les employeurs ne prisent guère le farfelu. Aussi, ne vous lancez dans ces audaces que si vous êtes certain d'éveiller l'intérêt de l'employeur éventuel dans un sens positif pour vous. Pour cela, flattez son amour-propre (pas trop...), prouvez la connaissance que vous avez de l'importance de son rôle et de celle de sa société (pas trop ; ne lui donnez pas l'impression d'en savoir assez pour vouloir vous imposer trop rapidement), affirmez votre personnalité (pas trop ; ne permettez pas qu'il en prenne ombrage avant de vous

avoir rencontré). Qu'il se dise : «Cet homme (cette femme) a quelque chose que nous allons exploiter...», mais jamais «cet homme (cette femme) a quelque chose, mais jamais il (elle) ne pourra s'intégrer...». La marge est étroite...

Vous aimez les tableaux, n'est-ce pas? Vous allez juger de l'efficacité des méthodes énoncées précédemment.

Selon Statistique Canada, les méthodes de recherche d'emploi utilisées au Québec en novembre 1983 ont été les suivantes :

se sont adressés directement à l'employeur .... 72 %
se sont adressés à un bureau de placement public .... 44 %
ont consulté les annonces .... 42 %
ont utilisé d'autres méthodes .... 14 %

En moyenne deux méthodes ont été utilisées, ce qui donne dans l'ensemble l'aspect du tableau suivant :

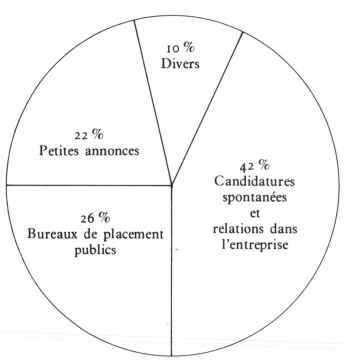

10 %
Divers

22 %
Petites annonces

42 %
Candidatures
spontanées
et
relations dans
l'entreprise

26 %
Bureaux de placement
publics

Voici un autre tableau qui peut servir à illustrer l'efficacité des différentes méthodes décrites précédemment dans ce livre. Il s'agit d'une enquête menée en 1972 par le Bureau de recensement des États-Unis et publiée en 1976, couvrant 10,000,000 de chercheurs d'emploi. Malheureusement, cette enquête, qui date d'une dizaine d'années est encore valable.

UTILISATION ET EFFICACITÉ DE DIFFÉRENTES MÉTHODES POUR CHERCHER DE L'EMPLOI

Méthode	% d'utilisation *	% d'efficacité **
Se sont adressés directement à l'employeur ..	66.0 %	47.7%
Se sont adressés à des amis pour des emplois où ceux-ci travaillaient	50.8 %	22.1 %
Se sont adressés à des amis pour des emplois ailleurs	41.8 %	11.9 %
Se sont adressés à des parents pour des emplois où ceux-ci travaillaient	28.4 %	19.3 %
Se sont adressés à des parents pour des emplois ailleurs	27.3 %	7.4 %
Ont répondu à des annonces dans des journaux locaux	45.9 %	23.9 %
Ont répondu à des annonces dans des journaux d'une autre localité	11.7 %	10.0 %
Ont utilisé une agence de recrutement	21.0 %	24.2 %
Ont utilisé un centre d'emploi de l'État	33.5 %	13.7 %
Ont utilisé un centre d'emploi de collège ou université	12.5 %	21.4 %
Ont passé des examens d'entrée au service civil	15.3 %	12.5 %
Ont placé une annonce dans une publication .	1.6 %	12.9 %
Ont répondu à une annonce dans une revue spécialisée ou professionnelle	4.9 %	7.3 %
Ont utilisé les services de leur union syndicale	11.8 %	39.7 %

* Pourcentage du nombre total de chercheurs d'emplois qui ont utilisé la méthode.

** Pourcentage obtenu en divisant le nombre de chercheurs d'emploi qui ont trouvé du travail en utilisant la méthode, par le nombre total de chercheurs d'emploi qui ont utilisé la méthode, avec ou sans succès.

Voilà, Monsieur ou Madame le Demandeur d'emploi; vous avez un aperçu édifiant du système le plus généralement répandu pour trouver un emploi — et encore a-t-il été exposé dans ses aspects les plus positifs! Restent les contacts personnels sur lesquels nous reviendrons ultérieurement.

S'il a fonctionné pour vous, sans trop de ratés, *magnifique*! Sinon, peut-être devriez-vous vous pencher sur l'*autre procédé* — celui qui est tenu en réserve pour pallier les défaillances des méthodes précédemment énumérées. Un détail: pour la majorité des spécialistes, *seules, celles-ci existent!* C'est la triste vérité vraie...

Toute nouvelle théorie est, de
prime abord, considérée comme
absurde; puis, elle est
reconnue pour vraie,
mais d'un intérêt
relatif; pour, enfin, apparaître
d'une importance telle que ses
adversaires eux-mêmes se
targuent de l'avoir inventée!

William James

CHAPITRE TROIS

VOUS POUVEZ
Y ARRIVER

VOUS POUVEZ Y ARRIVER!

Si vous sondez cet ouvrage
plutôt que de le commencer
par la première page, il y a de
grandes chances pour que vous
vous arrêtiez sur ce chapitre.
Est-ce que je me trompe?
Pour vous donc qui venez
de nous rejoindre, redisons
en quelques mots les données
qui ressortent des pages précédentes; elles sont
essentiellement au nombre
de deux:

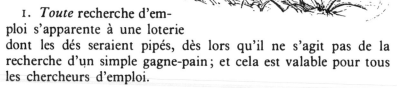

1. *Toute* recherche d'emploi s'apparente à une loterie
dont les dés seraient pipés, dès lors qu'il ne s'agit pas de la
recherche d'un simple gagne-pain; et cela est valable pour tous
les chercheurs d'emploi.

2. Le système existant pose des difficultés particulières pour
les personnes soucieuses d'entreprendre une *seconde carrière* (soit
4 chercheurs d'emploi sur 5).

Maintenant, reprenons le fil du récit.

Il existe un petit nombre de personnages exceptionnels, qui
appartiennent à ce que nous qualifierons de « minorité créatrice ».
C'est un groupe très éclectique; il va du citadin au rural, du
professeur d'université-chercheur au conseiller de carrière professionnel. En dépit de ces différences, ces personnalités possèdent 2
dénominateurs communs, si ce n'est 3:

a) elles récusent l'archaïsme et les failles des mécanismes de
recherche d'emploi classiques.

b) elles ne se contentent pas de les critiquer mais réfléchissent
aux manières de les améliorer. (Elles sont pragmatiques plutôt
que théoriques).

c) en dépit du fait qu'elles divulguent ces résultats depuis des
années, elles n'y ont gagné qu'une *ignorance délibérée* de la
plupart des spécialistes.

La perspicacité de leurs idées est pourtant extrêmement
précieuse, et, si vous voulez modifier votre carrière, vous constaterez qu'elles sont capitales.

LE DIAGNOSTIC
DE LA MINORITÉ CRÉATRICE

La minorité créatrice s'est d'abord interrogée sur les raisons du mauvais fonctionnement du système existant. Pourquoi les idées fausses si communément répandues n'ont-elles jamais été mises en question? A ses yeux, ce sont les suivantes:

Idée fausse n° 1. Toute personne à la recherche d'un emploi doit rester assez floue quant à ses objectifs pour conserver plus de chances de retrouver quelque chose. Erreur fatale, estiment ces créatifs: elle explique le nombre important de personnes sous-employées. Si vous n'avez pas une idée claire de vos objectifs et si vous ne les exprimez pas, vous laissez, en fait, le choix aux autres. Investis d'une telle responsabilité, ils vont soit esquiver une prise de position, soit en venir à une décision « raisonnable », c'est-à-dire qu'ils vous cantonneront dans un emploi sûr, sans risque.

Idée fausse n° 2. Le chercheur d'emploi doit consacrer du temps à établir la carte d'identité des organisations susceptibles de s'intéresser à lui dans la mesure où ce sont elles qui ont les cartes en main. Ineptie, disent les créatifs. Nous ne sommes pas dans un bal de promotion où les candidats à l'emploi feraient tapisserie, pendant que l'employeur serait en piste. Pour poursuivre cette métaphore, disons que cet employeur est rarement lâché par sa (son) partenaire, qui, le plus souvent d'ailleurs, lui marche sur les pieds; et, s'il (elle) peut théoriquement choisir avec qui il (elle) veut danser, l'envie lui vient souvent de voir quelqu'un mettre fin à cette danse. Et, en réalité, plutôt que de rester assis(e) avec cette attitude de *J'aurai beaucoup de chance si vous me choisis-sez*, sachez qu'il (elle) ne pourra s'empêcher de penser *J'ai beaucoup de chance qu'il (elle) m'ait choisi(e)*. Les gens qui interviennent dans une danse sont généralement de très bons danseurs.

Idée fausse n° 3. Les employeurs ne retiennent que les candidats qui rédigent bien. Ridicule de poser le problème de cette manière, disent nos créatifs; mais le système n'est-il pas basé sur ces candidatures écrites? Pour être embauché, vous devez d'abord obtenir un entretien. Pour obtenir cet entretien, vous devez au préalable envoyer votre curriculum vitae. Si celui-ci ne donne pas une image favorable de vous, vous serez éliminé, or il se peut aussi qu'il donne de vous une image déformante à un point tel qu'il soit impossible de vous situer. *Les services du personnel ne tiennent compte de cette éventualité que très rarement (1 fois sur 1 000?).* Vous pouvez être Einstein ou Léonard de Vinci, si votre curriculum vitae est mal mis en forme, vous ne serez pas retenu(e). Les employeurs ne jugent que sur la présentation. Ridicule? A coup sûr. Aux yeux de la minorité créatrice, ce processus a trop longtemps vécu. Il faut le supprimer.

L'ORDONNANCE DES CRÉATIFS

Une fois ces idées fausses nettement articulées, définir un système nouveau ne pose guère de difficulté et établir l'ordonnance permettant l'accès aux *idées clés* de la réussite va pratiquement de soi.

Clé n° 1: *Vous devez définir exactement ce que vous voulez faire.*

Clé n° 2: *Vous devez décider personnellement du cadre dans lequel vous souhaitez exercer votre activité.*

Clé n° 3: *Vous devez soigneusement analyser les organisations susceptibles de correspondre à vos attentes; puis y approcher la personne qui a le pouvoir d'embaucher pour le poste que vous convoitez.*

A quelques variantes près, ce processus vaut pour l'ensemble des champs d'activité (l'industrie, l'enseignement, les affaires, etc.). Dans un souci de clarté, nous les qualifierons du terme générique d'«organisations».

Cette ordonnance est déterminante pour qui ne veut pas simplement gagner sa vie, mais elle est capitale pour toute personne qui souhaite, ou doit, changer de carrière.

Cet ouvrage vise, avant tout, à vous éviter de commettre *les erreurs dont des millions de candidats à l'emploi ont été victimes avant vous.* La suite va développer les *trois points clés* garants d'une course à l'emploi réussie.

UN EXERCICE A I MILLION DE DOLLARS

Déjà, vous ne manquerez pas de vous dire : *Grand Dieu, quel travail !*

Vous avez raison : la tâche est dure, très dure.

On dit même que *le travail le plus pénible est, précisément, d'en trouver un.* Il implique, en effet, que vous sachiez qui vous êtes, ce que vous voulez et quel est votre but dans l'existence. Attaquez-vous y de la même manière que vous prendriez un emploi à bras le corps et devenez votre propre agent de marketing.

Si vous avez besoin d'un stimulant, envisagez les choses de cette manière : vous avez 35 ans, vous décidez de changer de carrière et de vous y tenir jusqu'à ce que vous ayez 60 ou 65 ans ; vous avez donc 25 ou 30 ans devant vous ; peut-être davantage. Imaginons que vous commencez à $20,000.00 par an et bénéficiez d'une augmentation de $1,000.00 par an, au moins dans les premières années. Si vous calculez donc sur la base moyenne de $35,000.00 par an pendant trente ans, vous atteignez un total de $1,050,000.00 [1].

Si vous êtes plus jeune, cette progression peut même être plus rapide. Mais nul ne saurait le dire...

Considérez la chose du point de vue du gestionnaire, comme, finalement, vous le devriez ; combien de temps faudra-t-il pour s'assurer que les sommes investies fructifieront bien ?

L'impatience, le désir d'en terminer rapidement peuvent vous faire perdre, à vous et aux vôtres, plusieurs dizaines de milliers de dollars sur des années, vous condamner à un emploi peu rémunérateur dans lequel vous serez sous-estimé(e), mal utilisé(e) et peu heureux(se). Alors, combien de temps faut-il pour mener à bien cette opération ?

Si l'on se base sur une moyenne calculée à partir de personnes qui l'ont réussie : de 3 semaines à 9 mois.

Plus votre objectif sera élevé, plus l'investissement en temps risque d'être important dans la mesure où, à partir d'un certain niveau, les décisions d'embauche sont le plus souvent prises non par une seule personne, mais par un comité.

Mais l'ironie du sort veut que *trouver un emploi médiocre,* peu rémunérateur et dans lequel vos talents ne trouveront guère d'épanouissement *peut demander autant de temps que de mettre la main sur un travail plus gratifiant.* Actuellement, les ouvriers restent sans emploi pendant 6 à 7 mois, les employés et les techni-

---

1. Tout au long de cet ouvrage, il s'agit bien entendu de dollars canadiens.

ciens pendant une moyenne de 7 à 8 mois et les cadres pendant près de 12 mois, quelle que soit la méthode employée.

Un membre de cette minorité créative, John Crystal, estime que la première leçon à suivre est : *éviter tout raccourci dans la démarche*. Toute étape brûlée risque d'être gage d'échec.

En dressant la carte de votre course à l'emploi, vous aurez tout le temps de vous convaincre de l'importance de l'Engagement — il faut vous consacrer entièrement à la tâche qui est devant vous. Et, si certaines étapes paraissent étonnamment floues, toutes sont très DIFFICILES.

En outre, il arrive que vous soyez minoritaire et que vous portiez le poids d'un de ces handicaps qui font s'embourber tout chercheur d'emploi (vous êtes une femme ; vous appartenez à une minorité quelconque ; vous avez trop de diplômes ou de références, ou pas assez ; vous avez dépassé la quarantaine, ou vous êtes débutant ; ou quoi que ce soit...). Vous constaterez rapidement que le processus que nous vous conseillons est tellement plus efficace que le Jeu des grands nombres que vous remercierez le ciel pour chaque heure que vous y aurez consacrée !

*La vie, c'est ce qui arrive
pendant que vous êtes occupé
à faire des projets.*

Tom Smothers

CHAPITRE QUATRE

FAUT-IL DEMANDER DE L'AIDE ?

FAUT-IL DEMANDER DE L'AIDE?

« Entendu, dites-vous; je conçois l'immensité de la tâche, mais pourquoi répétez-vous que je doive y faire face seul(e)?

« J'ai entendu dire, ou j'ai lu, ou l'on m'a dit qu'il existe de nombreux organismes qui, contre rémunération, en assument une bonne part.

« Peut-être ne suis-je pas obligé(e) de la mener à bien tout(e) seul(e), ce qui serait un soulagement vraiment bienvenu. »
Effectivement.

Il existe des possibilités d'aide, mais qui ne sont valables qu'à deux conditions:

1. Que vous sachiez très précisément quel type d'aide vous souhaitez et vous est nécessaire,

2. Que vous ayez conscience de ce que ces organismes peuvent — ou ne peuvent pas — vous apporter.

POUR QUELS ASPECTS DE VOTRE CAMPAGNE RISQUEZ-VOUS D'AVOIR BESOIN D'AIDE?

a) pour définir clairement vos objectifs (chapitre 5)
— en termes de vocation (quel est votre jardin secret);
— en termes de réussite personnelle (quelle maison souhaitez-vous).

b) pour déterminer le cadre, le lieu, le poste, dans lequel vous souhaitez les atteindre.

c) pour trouver les organisations correspondant à vos champs d'intérêt et la manière d'entrer en contact avec la personne qui aura le pouvoir de vous embaucher.

EXAMINONS CES AIDES ET EN QUOI ELLES PEUVENT VOUS ÊTRE UTILES

1. *La recherche que vous allez mener vous-même.* Elle est préférable à toute autre pour de multiples raisons. Parce que les connaissances que vous en retirerez ont plus de poids que celles qui vous seront apportées par d'autres. Parce qu'une recherche d'emploi bien conduite fait appel à ces mêmes qualités dont vous devrez faire preuve dans l'exercice de vos fonctions. C'est donc un entraînement salutaire. Parce que, même si vous y mettez le prix, vous n'avez aucune assurance que des organismes ou personnes qualifiées sauront mener ces démarches mieux, ou même aussi bien, que vous.

Moralité: tout investissement financier est aléatoire à moins que vous n'ayez personnellement essayé de suivre ce processus au préalable et que vous sachiez ce que vous devez attendre des autres.

2. *Livres, brochures et autres publications.* Les examiner avant toute chose. Leur coût est minime et les consulter peut vous donner l'élan nécessaire pour desserrer les freins qui vous bloquent. Si la lecture attentive de ce livre n'y parvient pas, vous trouverez en annexe la référence de nombreux autres textes.

3. *Les aides et concours bénévoles.* Pourquoi se précipiter à verser des émoluments à des professionnels quand vous pouvez bénéficier de leurs apports gratuitement? En vous adressant, par exemple, à votre libraire, aux chambres de commerce, à vos camarades de promotion, à vos relations dans les affaires, etc.

Le journaliste demanda
à la jeune femme
pourquoi elle voulait travailler
dans les Pompes funèbres.
Elle répondit: Parce que
j'aime les contacts humains.

le San Francisco Chronicle.

CHAPITRE CINQ

VOUS SEUL POUVEZ DÉCIDER:

QUE VOULEZ-VOUS FAIRE?

LA PREMIÈRE CLÉ DU PLAN DE CARRIÈRE
ET DE LA RECHERCHE D'UN EMPLOI

Vous savez maintenant quel chemin il convient d'éviter, quelles embûches il faut contourner; vous connaissez les écueils qui vous guettent; vous êtes conscient(e) que l'angoisse, la vulnérabilité se sont saisies d'une véritable cohorte de demandeurs d'emploi. Le seul moyen pour ne pas rejoindre leurs rangs est de vous asseoir et d'apprendre vos leçons.

> *Vous devez savoir très précisément ce que vous voulez. Autrement, quelqu'un le déterminera à votre place et votre confiance en vous risque d'en être sérieusement ébranlée.*

Vous changez de carrière parce que vous y êtes contraint(e). Vous vous retrouvez dès lors dans la marée de ceux qui vivent cette même situation pénible. Chacun doit se préparer à affronter une seconde, voire même une troisième carrière. Sachons, d'ailleurs, que des milliers de salariés n'ont d'autre choix que la mobilité professionnelle et que, de gré ou de force, leur nombre ira croissant. Il importe donc de se préparer à ces changements de situation.

Le système éducatif ne facilite guère cette tâche car il a fait de vous un(e) spécialiste dans un domaine qui correspondait (espérons-le) à vos vœux; puis, il arrive que vos compétences, votre expérience n'entrent plus dans les nécessités économiques ou financières, ou culturelles. Pas d'autre solution que le recyclage! Vous ferez l'apprentissage d'une nouvelle spécialité. A coup de temps et d'argent. Il se pourra que votre nouveau savoir devienne rapidement caduc. Vous naviguez à vue...

PLAN DE CARRIÈRE ET PLAN DE VIE
UN ART ÉTRANGE

Pour pallier les aléas et les incertitudes que nous venons de constater, est apparue une nouvelle perspective: celle de la *planification de carrière*; elle implique une détermination de vos objectifs à court terme, mais surtout à long terme. Envisagez un avenir lointain.

A partir du moment où vous coucherez sur le papier ces différentes étapes, telles que vous les souhaitez et pensez convenir à vos goûts et qualités, vous serez dans la bonne voie. Des livres, des séminaires, des groupes d'études peuvent vous y aider.

Mais, ne rêvons pas. S'il importe que vous sachiez clairement dans quelle direction vous voulez orienter votre vie professionnelle, il ne faut pas escamoter le présent. Méfiez-vous du piège. Nombreux sont ceux qui sont revenus enthousiastes d'un séminaire sur les plans de carrière, mais guère avancés pour en jeter les premiers jalons. Il est très facile de tomber sous le charme de propos et de considérations qui ne relèvent que du flou artistique...

L'efficacité de ce livre est de se situer à mille lieues de ces digressions. Pratique et concret, il veut vous apprendre à établir un plan de carrière réaliste. Commençons par une notion simple.

> Pour nous, faire un plan de carrière est inutile, si, à la fin de nos exercices, vous n'avez pas une vision claire et précise de ce que vous voulez faire — au moins pour l'avenir immédiat.

Cette règle posée, vous pouvez l'appeler comme vous voulez :
— Développement de carrière à long terme,
— Assistance à long terme pour un plan de carrière,
— Étude de vos modèles de carrière,
— Plan d'action à long terme,
— Examen critique de soi et de son avenir,
— Planification de ressources humaines,
— Conseils et planning personnels.

Peu importe le titre que vous donnerez à votre démarche, elle ne doit pas prendre uniquement en considération votre activité entre 9 heures du matin et 6 heures du soir. Elle doit faire intervenir tous les aspects de votre personnalité : vos buts, votre échelle de valeurs, vos priorités, etc.

N'augmentez pas le nombre de ceux qui attendent avec impatience de quitter leur lieu de travail pour, enfin, pouvoir mener leur vie... N'oubliez aucun paramètre.

Vous sentez-vous en mesure de dessiner le plan de votre seconde carrière ? Savez-vous exactement ce que vous aimez faire ? Pouvez-vous expliquer clairement la nature de votre premier métier ?

La minorité créatrice estime que quatre facteurs vous en empêchent généralement :

1. *le manque de détermination* ; nous sommes souvent très incertains quant à nos véritables aspirations ;

2. *le manque d'outils* ; nous savons ce que nous voulons, mais ne disposons pas des moyens d'exécution ;

3. *le manque de motivations*; nos objectifs sont clairs et nous avons en main les moyens de les réaliser, mais l'élan nous fait défaut; il est généralement reconnu que c'est là l'élément de bloquage le plus répandu;

4. *le manque de temps*; tout y est, clarté des objectifs, moyens d'action, motivation ardente, mais vous avez trop attendu, et vous êtes maintenant dans le golfe du désespoir (à quelques kilomètres de Paniqueville!). Vous ferez donc cet exercice sans joie, à la hâte, alors qu'il nécessite réflexion et calme.

REMETTEZ-VOUS SUR DES RAILS

Reprenons donc ces quatre facteurs et décidons qu'aucun ne vous fait ou ne vous fera défaut.

Le Temps	La Motivation	La Détermination	Les Outils

LE TEMPS : QUELQUE VINGT MILLE HEURES EN JEU.

Faites le calcul: 37 heures de travail par semaine pendant 49 semaines par an = 1800 heures par an. Pendant 10 ans: 18,000; pendant 15 ans: 27,000 heures! *Ne valent-elles pas qu'on leur consacre 15 jours, 1 mois, 2 mois?*

LA MOTIVATION: $1,000,000.00 EN JEU.

Soit vous êtes sans emploi, mais vous savez ce que vous voulez; votre tentation va être d'agir rapidement; c'est de la folie car ce sentiment de l'urgence vous mène tout droit à l'inefficacité, au sous-emploi et à l'insatisfaction. Mais, au moins, êtes-vous motivé!

Soit votre vie professionnelle est active, mais vous serez porté(e) à remettre au lendemain. C'est un grand danger. « Vous allez passer comme cela le reste de votre existence? » « Je ne sais pas... je verrai bien... »

Non: c'est aujourd'hui qu'il vous faut choisir votre parachute et l'accrocher. Ce n'est pas quand l'avion dans lequel vous êtes installé prendra feu et s'écrasera au sol qu'il faudra y penser. *Que vous le vouliez ou non, votre valeur professionnelle diminue inexorablement avec chaque jour que vous laissez passer.*

L'erreur est banale, mais fatale et nous devons tous plaider coupable. Il faut que nous nous retrouvions de force sur le marché du travail pour réfléchir à notre carrière. Or il n'est pas de pire condition pour en avoir une vision lucide et entamer des démarches.

Les chercheurs d'emploi vous diront tous: « Restez là où vous êtes et, si vous avez le choix, ne bougez que lorsque vous aurez en vue quelque chose de sûr et de sérieux. »

« Si vous avez le choix... » Et si subitement vous ne l'aviez plus? Rien ne vous avait permis de penser que vous alliez vous retrouvez chômeur, vous n'avez rien vu venir, et vous ne vous êtes pas préparé(e). A vous de redresser la situation; ce n'est, certes, pas impossible mais beaucoup plus difficile.

L'essentiel est d'être motivé.

Vous pouvez l'être par l'argent. Avez-vous conscience que les 60 000 heures qui vous « restent » à travailler représentent plus de $ 1,000,000.00? Quelle attention n'apporteriez-vous pas à votre plan de carrière si quelqu'un vous offrait ne serait-ce que la moitié pour le mener à bien? C'est exactement la situation dans laquelle vous vous trouvez.

Ces considérations financières tendent essentiellement à secouer votre apathie. *Faites passer votre plan de carrière avant tout le reste.*

Pour vous qui vous connaissez bien et savez que vous allez remettre à plus tard cet exercice, voici un petit jeu pratique.

EXERCICE PRATIQUE (EN GUISE D'ÉCHAUFFEMENT). Choisissez dans votre entourage proche une personne à laquelle vous pouvez faire confiance. Expliquez-lui votre programme de travail, le temps partiel imparti, et ce que vous attendez de lui (elle). Fixez des rendez-vous hebdomadaires qui permettront de contrôler vos progrès. Plus votre tuteur sera ferme et exigeant, meilleur sera le résultat. Informez-le de l'enjeu: près de 60 000 heures de travail, près de $1,000,000.00.

Vous trouverez dans ce livre des références à d'innombrables titres qui traitent de ce sujet: un lecteur zélé les consultera tous. Aux autres, je conseillerai de s'en abstenir — à moins que l'un d'eux ne s'attaque à un point qui serait son talon d'Achille.

Un exemple: vous éprouvez des difficultés à mettre en place votre plan de carrière parce que vous êtes, de manière générale, mal organisé(e). Vous allez vous plonger dans des livres, le plus souvent indigestes, dont il y a fort à parier que vous ne tirerez rien. Mieux vaut poursuivre la lecture de ce « Parachute ».

Pensez, par ailleurs, que vous ne vous lancez pas dans cette tâche pour votre seul bien; il en va également de vos proches et... de tout le monde. Ce n'est pas une motivation négligeable.

Autre exercice pratique (contre le refroidissement). Quinze jours après avoir absorbé cet ouvrage, vous vous rendez compte que vous n'avez pas mis le premier pied à l'étrier. Vous ne savez pas vers quoi vous orienter et vous n'avez encore fait appel à personne pour vous aider à voir clair. Autant vous y résoudre : vous allez devoir payer quelqu'un et c'est grand dommage. Mais, enfin, vous trouverez dans les annexes des listes d'organismes ou de personnes susceptibles de vous apporter leur concours. Sélectionnez-en trois, posez-leur des questions, sortez votre carnet de chèques et vous vous retrouverez à ce point du livre...

La nature humaine est ainsi faite que, dans ces questions, nous préférons attendre la dernière minute. « Remettre au lendemain tue plus que le scotch... »

LA DÉTERMINATION : DÉFINIR DES CIBLES, DES TALENTS, DES DURÉES ET LE CONTROLE.

Supposons que votre motivation soit assez forte pour que vous décidiez d'accomplir cette tâche vous-même. Pourquoi ne pas vous trouver un partenaire ? Quelqu'un qui s'y attellera en même temps, suivra le même parcours. Nous vous conseillons chaudement cette alliance. Quoi qu'il en soit, nous ne répéterons jamais assez que :

Dresser un plan de carrière est inutile
si vous n'avez pas exactement
défini vos objectifs
— au moins pour un avenir proche.

Allons même plus loin : tout plan de carrière digne de ce nom doit vous aider à déterminer les points suivants.

Cibles

1. Prenez conscience de vos buts dans la vie. Quel est l'idéal que vous poursuivez ? Que voulez-vous accomplir ? Vous vous poserez souvent ces questions car *le plan de vie et de carrière est un processus continu et non pas une succession d'événements* sans liens entre eux.

Compétences

2. Faites l'inventaire de vos compétences, de ce que vous savez et aimez faire ; considérez-les isolément, de telle sorte que, le

temps passant, vous puissiez en regrouper certaines selon des ordres variant en fonction de l'évolution de votre situation. La minorité créatrice juge ce point essentiel.

Durée

3. Étudiez avec soin le temps qu'exigera chaque étape de votre plan et le risque impliqué. En effet, l'idée n'est pas d'éliminer les risques (on ne fait pas un pas en avant sans en prendre), mais d'en courir de calculés après mûre réflexion.

Contrôle

4. Décidez qui contrôlera chaque étape de votre carrière: le hasard, les circonstances, le système, votre entourage familial, les autres ou... vous-même. Notre conviction est que, si vous pensez pouvoir agir sur votre environnement et votre avenir, votre efficacité et l'idée que vous vous faites de vous-même y gagneront grandement.

LE FIL CONDUCTEUR

Mais définir vos objectifs, votre compétence, des durées, ne suffit pas; votre objectif numéro un doit être de connaître le fil conducteur qui demeure en vous au-delà de tous les changements qui se font autour de vous. Comme Alvin Toffler l'a montré dans « Le Choc du futur », ceux-ci se manifestent à une cadence si rapide que nombre d'entre nous en sont choqués et souffrent de nostalgie, d'impuissance ou d'apathie.

Votre plan de vie ou de carrière doit vous permettre d'identifier vos constantes dans l'existence car elles sont nécessaires pour tenir face à cette cascade de changements qui caractérisent notre monde. Ces constantes se dégageront de l'ensemble des points que nous venons d'étudier: buts, talents, etc.

Le secret pour supporter ces changements et préparer votre avenir est de mettre le doigt sur vos atouts et de les associer suivant différents cas de figure, en harmonie avec les objectifs et la hiérarchie des valeurs qui orientent votre personnalité.

VISEZ A POUVOIR,
EN BOUT DE COURSE,
REMPLIR CES CASES

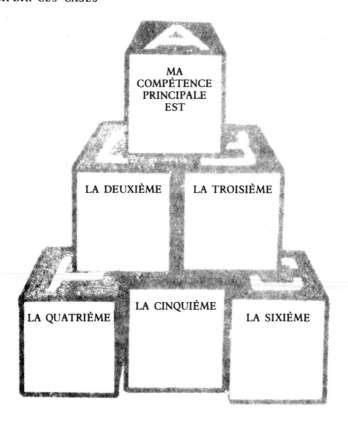

CE MOT ÉPOUVANTAIL:
LES QUALIFICATIONS

Le terme de « qualifications » donne la chair de poule à beaucoup; de l'étudiant (« J'ai fait quatre ans d'études et je n'ai aucune qualification... ») aux personnes qui veulent changer d'activité professionnelle (« Il va falloir que je me recycle car, autrement, je serais nul(le) dans mon nouveau travail. ») Ce sentiment, si communément répandu, vient d'une incompréhension totale de ce que « qualification » signifie, incompréhension trop fréquemment partagée par les employeurs, par les services du personnel, etc.

Remédier à cette incompréhension vous fera gagner un temps précieux et vous avantagera par rapport aux autres demandeurs d'emploi.

Disons que, de manière générale, les qualifications se partagent en trois groupes principaux, selon qu'elles se rapportent aux choses immatérielles (intangibles), matérielles (tangibles), ou aux gens. Classées dans un ordre de difficulté croissante (en commençant par les plus complexes), elles forment des pyramides inversées.

Avant de les énumérer, remarquons que, *étonnamment, elles obéissent toutes à la même règle*: si nous les classons en fonction des charges qu'elles impliquent aux yeux d'un employeur, nous constatons que, plus elles sont complexes, moins ces charges sont explicitées en détail, et la part d'initiative de l'employé s'en trouve accrue; plus elles sont simples, plus les obligations correspondantes sont denses, codifiées et «encadrent» l'employé.

Il existe une nomenclature détaillée des qualifications: classification canadienne descriptive des professions: Commission de l'emploi et de l'immigration du Canada (Direction de l'analyse et du développement − professions et carrières); Hull: Ministère des approvisionnements et services Canada, 1980.

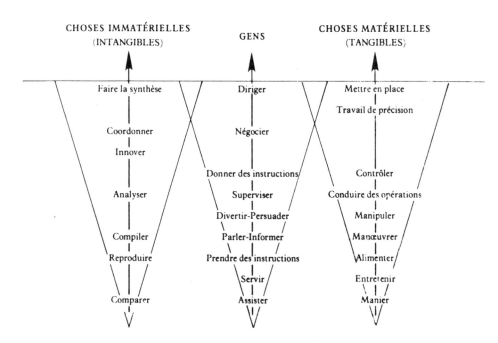

CHOSES IMMATÉRIELLES (INTANGIBLES)	GENS	CHOSES MATÉRIELLES (TANGIBLES)
Faire la synthèse	Diriger	Mettre en place
		Travail de précision
Coordonner	Négocier	
Innover		
	Donner des instructions	Contrôler
Analyser	Superviser	Conduire des opérations
	Divertir-Persuader	Manipuler
Compiler	Parler-Informer	Manœuvrer
Reproduire	Prendre des instructions	Alimenter
	Servir	Entretenir
Comparer	Assister	Manier

QUALIFICATIONS PAR ORDRE CROISSANT

PRENDRE DES INSTRUCTIONS, ASSISTER. Exécuter un travail, des ordres donnés par un(e) supérieur(e) hiérarchique. N'exige aucun échange verbal, sauf à des fins de clarification de la tâche dévolue.

SERVIR. Répondre aux besoins ou demandes (d'hommes ou animaux), ou aux désirs, implicites ou non. Implique une réaction immédiate.

ÉCHANGER DES INFORMATIONS. Parler, signaler pour faire passer, ou demander, une information ; ou pour mettre au clair et au point les détails d'une tâche assignée dans le cadre d'un processus bien établi.

ENTRAINER. Venir en aide, encourager des individus, isolément ou en petits groupes ; donner des conseils, soutenir au niveau de la vie quotidienne, de l'utilisation des services administratifs.

CONVAINCRE. Influencer en faveur d'un produit, d'une idée par la parole et la démonstration.

CONSEILLER. Recueillir des informations et les diffuser ; apporter des idées pour déterminer, clarifier, affiner des modes de procédure, des descriptifs.

FORMER. Apprendre un sujet à d'autres, les y entraîner par l'explication, la démonstration, la pratique et des tests.

SUPERVISER. Déterminer et/ou interpréter une procédure de travail, assigner des tâches, maintenir des relations harmonieuses entre les travailleurs, juger des résultats, pousser à l'efficacité. Prendre des décisions au niveau de la technique et de la marche à suivre.

NÉGOCIER. Échanger des idées, des informations, des avis à un niveau formel pour formuler une politique, un programme; résoudre après discussion les problèmes soulevés par la gestion d'une politique ou d'un programme existants.
GUIDER. Donner des avis, des conseils. Évaluer les avantages d'une solution sur une autre, les mérites d'une stratégie et faire part de son opinion.

Faisons un point:

1. Plus le niveau des qualifications auxquelles vous tendez est bas, plus celles-ci seront réglementées, évaluées et exigées. Vous devrez vous y conformer. Plus vous viserez haut, moins elles le seront, et vous pourrez donc modeler votre poste à votre image — vos qualifications y trouveront leur plein emploi.

2. Plus le niveau des qualifications auxquelles vous tendez est élevé, moins les offres de postes leur correspondant sont diffusées par les filières habituelles, et plus il vous faudra trouver d'autres moyens de les dénicher. (Voir le chapitre suivant).

3. Dans la mesure où les très gros postes sont les plus difficiles à découvrir, plus vous viserez haut, moins vous aurez de concurrents. Et si, comme c'est possible, vous décelez un manque dans une des sociétés de votre choix et que vos qualifications vous permettent de le remplir, il est très vraisemblable qu'on créera un poste pour vous; dès lors, vous serez seul(e) en lice.

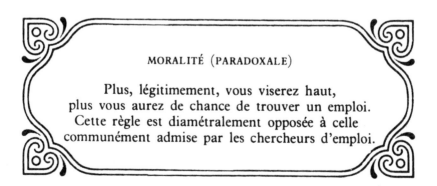

MORALITÉ (PARADOXALE)

Plus, légitimement, vous viserez haut,
plus vous aurez de chance de trouver un emploi.
Cette règle est diamétralement opposée à celle
communément admise par les chercheurs d'emploi.

Et maintenant au travail!

LES OUTILS:
LA MÉMOIRE, L'INSTINCT, L'IMAGINATION

A ce stade, il vous manque des outils — des outils pratiques. Nous allons en énumérer un bon nombre. Vous pourrez vouloir les essayer tous ou n'en prendre que quelques-uns. La question, dans ce cas, sera: comment savoir lesquels choisir?

Il vous est déjà apparu que, dans un plan de carrière à long terme, doivent intervenir à la fois votre passé, votre présent et votre avenir.

Les exercices suivants répondent à ces trois données:
— Votre mémoire (du passé): exercices 1, 2, 3 et 4.
— Votre instinct (du présent): exercices 5, 6, 7 et 8.
— Votre imagination (de l'avenir): exercices 9 et 10.

Si vous êtes trop tendue(e), il se peut que votre mémoire vous lâche, passez sur les exercices qui y ont trait. Vous vous sentez dans un état apathique, ceux qui concernent le présent ne vous aideront guère. Enfin, vous n'avez pas les idées claires: vous ne retirerez rien de ceux qui portent sur votre avenir.

Reposez-vous, faites le vide.

Avant de démarrer.

EXERCICES 1, 2, 3 et 4: *Votre passé.*

Tout plan de vie et de carrière implique une prise de conscience de votre passé parce que:

1. une existence harmonieuse suppose de tirer profit de son expérience, plutôt que de la rejeter;

2. les grandes lignes qui orientent votre avenir se sont de tout temps manifestées dans ce que vous avez fait de mieux et avec le plus de plaisir;

3. votre vie obéit à une évolution continue autour d'un noyau central qui, lui, demeure inchangé.

Revenez donc en arrière, retrouvez la période de votre existence pendant laquelle vous avez éprouvé un sentiment de bien-être; puis définissez exactement ce que vous faisiez, lesquelles de vos capacités étaient en jeu, les facteurs intervenant dans cette configuration heureuse.

Exercice pratique N° 1

A. Mettez par écrit la chronologie de votre passé. Lieux, activités, occupations professionnelles, leur nature (pas en terme de titre, mais en terme d'épanouissement personnel).

B. N'hésitez pas à en « rajouter ». Qui va vous lire? Mais que vos « exagérations » aient toujours une base concrète.

C. N'omettez pas de noter vos activités de loisirs, vos violons d'Ingres, vos goûts. Quels talents y avez-vous déployés? Étaient-ils dans la même ligne que ceux requis par vos occupations professionnelles?

D. Relevez les caractéristiques de votre environnement qui vous étaient importantes: promenades, théâtre, soleil, etc.

E. Ayez l'œil fixé sur un mot: « agréable ». Il n'est certes pas le phare vers lequel il faut inconditionnellement se tourner, mais il est plus fiable que tous les autres.

F. Ne vous mettez pas en tête de donner à ces notes une construction, un ordre. Écrivez ce qui vous vient à l'esprit.

G. Vous avez terminé. Bravo! Prenez maintenant une feuille de papier et dressez deux colonnes:

A partir de mon expérience passée

Ce que je souhaite faire ou utiliser dans ma future vie professionnelle	Ce que je souhaite éviter de faire ou d'utiliser dans ma future vie professionnelle

(avec une attention particulière aux talents).

Reprenez vos notes, et remplissez ces colonnes.

H. Quand vous trouverez un point que vous aimez ET que vous réussissez, soulignez-le deux fois.

I. Examinez la colonne de gauche. Classez ces points par ordre d'importance décroissante. Retenez-en au moins cinq et soulignez-les trois fois.

J. Vous avez maintenant a) des facteurs essentiels qui, juxtaposés dans des ordres différents, donneront un descriptif de l'emploi qui vous convient; b) une liste de ce que vous voulez, ou ne voulez pas, dans votre futur poste.

Vous êtes peut-être une femme au foyer, ou vous êtes étudiant(e), et vous pensez que votre expérience est insuffisante pour que cet exercice puisse vous apporter quelque chose. Dans ce cas, essayez celui-ci.

Exercice pratique Nº 2

Dressez la liste de vos occupations de loisirs. Analysez-les. Leur nature, les talents impliqués, vos degrés de réussite peuvent vous donner la clé de ce pour quoi vous êtes vraiment fait(e).

Ces exercices vous laissent une totale liberté dans le temps, comme dans la forme. Peut-être souhaitez-vous les faire dans un cadre plus précis.

Cette recherche d'un outil efficace pour analyser votre passé peut prendre du temps. L'essentiel est de trouver celui qui vous convient. Ne vous relâchez pas dans votre chasse.

L'exercice suivant peut vous être utile.

Exercice pratique N° 3

B. Haldane a eu l'idée d'un instrument dont dérive cette méthode.

Vous divisez votre existence en périodes de 5 ans et sélectionnez pour chacune deux facteurs de réussite. Ensuite vous classez les dix réalisations par ordre décroissant en fonction des raisons de leur réussite, de leur nature et des résultats obtenus. Il vous sera facile de dégager de cette liste les talents et goûts qui reviennent le plus souvent. (Voir la « Méthode rapide de recherche d'emploi).

« APPEL AUX PUDIQUES »

Certains d'entre vous peuvent être gênés de mettre ainsi en avant leurs qualités, leurs possibilités. Une certaine pudeur les pousse à faire davantage état de leurs faiblesses, de leurs échecs. Se sous-estimer n'a jamais fait de bien, ni à vous, ni aux autres. Passez outre votre retenue.

Exercice pratique N° 4

Vous avez achevé les exercices précédents et vous êtes confronté(e) à un nombre impressionnant de données, mais vous êtes déconcerté(e) : comment vous en servir pour prendre des décisions quant à votre avenir ? Le fait est que nous sommes nombreux à ne jamais avoir été entraînés à décider par nous-mêmes... faille du système ! Utilisez la technique de réalisation présentée dans le chapitre intitulé « Le Guide de la recherche d'emploi ».

EXERCICES 5, 6, 7 et 8. *Votre présent.*

Votre mémoire vous fait défaut et les exercices précédents ne vous ont guère aidé(e). Passons au présent et à vos instincts/impressions.

Quelle importance peuvent avoir l'instinct, les impressions quand nous ne parlons que de talents, de qualités, etc. Vous allez voir.

Des études ont montré que :

1. votre intelligence, vos aptitudes et vos talents sont des facteurs moins déterminants de réussite que l'intérêt que vous portez à quelque chose, l'envie que vous en avez et le plaisir que

vous en retirez. De nombreux psychologues et spécialistes de problèmes du personnel sont arrivés à la conclusion que le désir prévaut sur tout.

Les termes « sentiments », « désirs » vous paraissent relever de la pure fantaisie. Entendu, empruntons donc un terme à la biologie : le « tropisme », soit ce qui instinctivement nous porte vers, ou nous éloigne de quelque chose. Nous avons tous nos propres tropismes. Quels sont les vôtres ?

2. Si votre activité vous donne satisfaction et que vos talents y trouvent un épanouissement, immanquablement, vous l'accomplirez remarquablement. Et vous serez utile.

3. Il n'existe aucun instrument qui puisse mieux mesurer ce que vous voulez, que vous-même.

Et maintenant, les exercices sur votre présent.

Exercice pratique N° 5

Il est très simple. Répondez à cette question : « Quel serait le métier de mes rêves ? ». Vous pouvez inventer. Ne tenez pas compte de ce que vous pouvez faire, seulement de ce que vous avez envie de faire.

Cet exercice suppose que vous êtes conscient(e) de ce que vous aimez ; il se peut que vous discerniez plus nettement ce que vous n'aimez pas. Dans ce cas, passez à l'exercice suivant.

Exercice pratique N° 6

Répondez par écrit à cette question : « Qu'est-ce que je n'aime pas ? ».

Passez ces colonnes en revue. Vérifiez sérieusement que ce qui figure sur la colonne de droite relève bien des circonstances, des autres, etc... et que vous n'avez aucun moyen d'y remédier. Puis,

ÉLÉMENTS DÉPENDANT		
De moi-même		De facteurs extérieurs
Ce que je peux modifier en changeant d'environnement (situation, lieu d'habitation).	Ce que je peux modifier en me changeant moi-même	

revenez à la colonne de gauche. Décidez sur quoi vos efforts doivent porter : sur votre environnement, sur votre moi, ou sur les deux à la fois. Ce choix effectué, fixez-vous des délais, inscrivez-les, et collez la feuille sur le miroir de votre salle de bains.

L'important dans une situation est que l'environnement humain soit en harmonie avec votre monde personnel. C'est ce vers quoi tendent nombre de jeunes et, également, des personnes en quête d'une seconde carrière qui n'avaient pas trouvé cette satisfaction dans les premières étapes de leur vie professionnelle. Il est préférable d'ajuster votre environnement professionnel à ce que vous êtes, que le contraire.

Si vous souhaitez étudier soigneusement quel environnement humain est le plus compatible avec ce que vous êtes vraiment, l'exercice suivant vous intéressera.

Exercice pratique N° 7

Il tient compte des travaux effectués par John Holland, un sociologue américain (à paraître prochainement en français). Ils représentent un apport extrêmement utile pour définir le poste qui vous conviendrait en fonction de l'environnement humain que vous préférez.

Il consiste à définir votre « code psychologique » et à consulter des tables de métiers codifiées (12 000 métiers) pour identifier ceux qui vous conviennent le mieux.

Exercice pratique N° 8

1. Prenez dix feuilles de papier et écrivez au haut de chacune : « Qui suis-je ? ».

2. Inscrivez sur chacune *une* réponse. Vous aurez ainsi dix réponses pour une seule question. Dix identités.

3. En dessous de chaque réponse, portez les choses qui vous font vibrer.

4. Classez ces identités par ordre d'importance décroissante. A vos yeux.

5. Voyez si elles ont un dénominateur commun.

6. Dans l'affirmative, vous devez impérativement en tenir compte pour être satisfait(e) de votre emploi futur et le remplir avec efficacité — au maximum de vos possibilités.

Cet exercice vous ouvrira facilement les yeux si vous avez quelque habitude de l'introspection ; sinon, il peut être facilité par les questions suivantes. Il ne s'agit pas de vous suggérer des réponses, mais de faciliter votre démarche.

1. **Qui suis-je?**
   a) un homme
   b) un citadin (volontaire)
   c) un sensible
   d) un créatif
   e) un écrivain
   f) un amateur de films et de musique
   g) un éducateur, un formateur
   h) un homme indépendant
   i) un cadre
   j) un animateur

2. **Ce qui me plaît dans ces identités?**
   a) par goût de l'initiative, par force intérieure, par besoin d'ouverture, par jeu;
   b) par excitation devant les choix possibles, pour les visages, les gens;
   c) par sentiment, par amusement, pour le sexe, pour l'amour donné, pour le bonheur;
   d) pour changer les choses, les rénover, pour l'émerveillement;
   e) pour la beauté des mots, la variété des images, les perspectives nouvelles, pour créer de nouveaux rapports entre les mots, les idées;
   f) pour porter attention aux gens, pour le mélange des couleurs, la photographie, la musique;
   g) pour se servir de l'intuition, pour aider, pour voir tout dans les gens, résoudre des problèmes, entretenir des relations étroites et utiles;
   h) pour prendre mes propres décisions, mener à terme mes propres plans;
   i) pour prendre des responsabilités, des risques calculés, me servir de mon cerveau, voir les problèmes dans leur ensemble;
   j) pour aider les gens à se libérer, à être ce qu'ils veulent être.

3. **Y a-t-il des dénominateurs communs?**
La diversité, les visions d'ensemble, le besoin d'activités variées et de faire apparaître leurs liens sous un éclairage nouveau, le goût de venir en aide aux autres.

> **4. Quelles devraient être les caractéristiques de mes emplois pour que je sois satisfait, bien employé et efficace?** La variété des responsabilités, le travail d'équipe, la vision d'ensemble, le réaménagement des relations entre ces ensembles, leur interprétation nouvelle et sa transmission.

Vous venez de voir un exemple de l'exercice n° 8. Soyez aussi imaginatif, inventif et créatif que vous le voulez.

Voici deux questions supplémentaires qui vous permettront d'affiner vos réponses.

Vérifications. *Fin exercice pratique n° 8*

7. Quel est l'élément qui, si j'en étais privé, ôterait tout sens à ma vie? Apparaît-il dans ces questions? Sinon, pourquoi?

8. Quels éléments retenus dans les six premières questions doivent impérativement entrer dans toute fonction que j'assurerais? Souvenez-vous que le monde est plein de *personnes qui attendent d'avoir quitté leur lieu de travail pour, enfin, faire les choses qu'elles aiment et commencer à vivre.*

EXERCICES 9 et 10. *Votre vision de l'avenir.*

Votre mémoire rechigne à l'évocation du passé et votre présent se refuse à être mis en mots, il vous reste une autre série d'exercices. Ils concernent votre avenir.

L'avenir semble lointain, mystérieux; pourtant, le sage l'a dit, « nous devrions nous pencher sur notre avenir car c'est là que nous allons passer le reste de notre existence. »

Nous avons presque tous nos visions et, presque tous, nous rêvons nos rêves; mais, dès que nous évoquons notre vie professionnelle et son avenir, nous jugeons devoir mettre en cage visions et rêves. Certains conseillers de carrière se plaisent à vous remettre les pieds sur terre « Soyons réalistes; que voulez-vous faire exactement? » Alors que leur question devrait être formulée ainsi: « Êtes-vous *certain(e)* que c'est vraiment ce que vous souhaitez? ». Dans la mesure où vous l'êtes, vous avez toutes les chances d'y parvenir, d'une manière ou d'une autre.

N'oublions pas que pour une personne qui rêve au-dessus de ses possibilités, il y en a quatre qui rêvent en-dessous et se vendent à bas prix.

Vos exercices perdront de leur valeur si vous ne gommez pas dans votre tête ce que vous croyez savoir du marché du travail. (« J'aimerais faire ceci et cela, mais je sais que rien n'y correspond. »)

Ne baissez pas la barre au départ; vous ne le ferez que par étapes, quand preuve aura été faite que vous le devez. Ne renoncez à rien prématurément. Vous n'imaginez pas combien de ressources peuvent se présenter.

Votre ambition est de parvenir au faîte de telle société? Vous devrez peut-être y mettre le temps, mais vous avez des chances d'y arriver, à condition d'y consacrer votre énergie, vos rêves, votre cœur.

Exercice pratique N° 9

De nouveau, prenez des feuilles de papier et portez en haut d'une page les mots suivants : « Avant de mourir, je voudrais que... » Avouez-vous vos désirs, vous leur donnerez peut-être un début de réalisation.

Vous pourrez préférer cette autre formule : « Ce que je devrai avoir accompli, ou été, au dernier jour de ma vie... »

Cette énumération terminée, vous faites deux listes : a) ce que j'ai déjà fait, b) ce qui me reste à faire. A côté de la liste b), sur une troisième colonne, vous mentionnerez les étapes nécessaires à sa réalisation.

1	2	3
Points déjà accomplis	Points à accomplir (Puis numérotez-les dans l'ordre dans lequel vous désirez les accomplir)	Etapes nécessaires pour accomplir les points de la colonne 2

Vous constaterez en dressant ce tableau qu'il dépasse largement vos objectifs de carrière, que vos rêves doivent y avoir leur place. Ne les omettez pas.

Ne procédez pas à cet exercice en une seule fois; remettez-le constamment en question, complétez-le, supprimez certains points, actualisez-le.

Revenons aux objectifs. Ils sont à l'origine de cette tâche que nous avons entreprise.

Exercice pratique N° 10

Réfléchissez à des aspects positifs de votre existence, à des choses que vous avez accomplies, ou accomplissez bien et avec plaisir.

Dans le coin inférieur gauche d'une feuille de papier que vous aurez posée dans le sens de sa longueur, écrivez:

    1. Pourquoi? (Pourquoi ai-je accompli telle chose?)

    2. Répondez.

    3. Reposez-vous la question, affinez la réponse; et ainsi de suite jusqu'en haut de la page.

    4. Tracez une flèche vers le côté inférieur droit de votre page et écrivez « Quoi d'autre? ». Cherchez et inscrivez quelle autre tâche, ou projet, remplirait les mêmes objectifs.

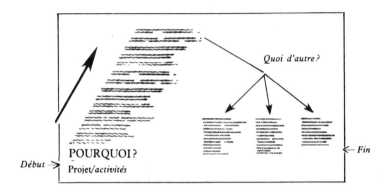

    5. Répétez le même exercice en partant d'autres projets/activités. Vos vrais intérêts dans l'existence se dessineront progressivement. Si, au quatrième ou cinquième essai, vous manquez d'inspiration, faites appel à un ami ou à un professionnel.

Refaites ces travaux pratiques jusqu'à ce que leur objectif soit atteint (savoir exactement ce que vous voulez). Si vous y avez laissé beaucoup de blancs, il va falloir vous adresser à un professionnel.

Supposons, espérons, qu'il en aura été autrement. Répondez alors aux questions suivantes qui vous permettront de juger de votre progression.

    1. Avez-vous identifié vos talents et centres d'intérêt les plus affirmés?

Que préférez-vous? Les gens, les données, les choses (l'humain, les concepts, le matériel)? Les trois? Dans quel ordre?

2. Vous êtes-vous limité à un seul parcours, ou avez-vous maintenu des alternatives, de telle sorte que vos talents puissent être utilisés de différentes manières?

Quel pourcentage de risques votre démarche représente-t-elle? Avez-vous envisagé des solutions de rechange?

Souhaitez-vous que le monde change, ou préférez-vous évoluer seul(e)?

3. Vous êtes-vous fixé des étapes? (Pour obtenir des diplômes, pour vous perfectionner.)

4. A quelles questions majeures cherchez-vous des réponses? Avez-vous conscience de votre échelle de valeurs, de vos besoins? Connaissez-vous vos tropismes?

Quelles valeurs ont le plus de prix à vos yeux? La sécurité, la santé, le pouvoir, l'accomplissement...?

5. Dans la ligne de vos objectifs, suffira-t-il que votre environnement change (nature de votre emploi, lieu de travail, etc.)? Ou devrez-vous modifier votre comportement, votre attitude intérieure?

Comment qualifieriez-vous les problèmes que vous posent actuellement votre carrière et votre existence? D'insatisfaisants ou de conflictuels?

6. Avez-vous le sentiment que dresser un plan de carrière tel que nous vous le conseillons représente une tâche trop ardue, trop longue, trop solitaire?

Si vous y renoncez, qui vous viendra en aide? Comme l'a écrit Ezra Pound, « L'esclave est celui qui attend que quelqu'un vienne le libérer ».

Vous avez passé le cap de ces différents exercices. Examinons maintenant les possibilités de carrière qui s'ouvrent à vous.

« *Les étudiants passent quatre années
et plus à apprendre comment chercher
des informations dans les bibliothèques
ou ailleurs ; mais rarement l'idée leur
vient d'appliquer cette méthode à des
fins personnelles — pour recueillir des
données sur des sociétés, des employeurs
éventuels, des lieux susceptibles de
leur convenir.* »

Professeur Albert Shapero

CHAPITRE SIX

OÙ
VOULEZ-VOUS
AGIR?

LA SECONDE CLÉ
POUR UNE RECHERCHE D'EMPLOI
OU UN PLAN DE CARRIÈRE

Qu'ils vous aient pris deux semaines ou deux mois, que vous y soyez parvenu(e) dans la facilité ou dans la douleur, que vous les ayez menés à bien seul, ou avec l'aide d'un professionnel, si vous avez fait les exercices contenus dans le chapitre précédent (ou dans l'Appendice) vous connaissez maintenant vos aptitudes, vos goûts et vos talents, ceux qui vous apportent les plus grandes satisfactions et *ceux dans lesquels vous êtes le (la) meilleur(e)*.

Vos talents primordiaux détermineront votre orientation générale. Vos talents secondaires vous aideront à définir mieux votre poste, et, peut-être, le cadre dans lequel vous le tiendrez.

Vous souhaitez, légitimement, jalonner ces perspectives, mais examinons au préalable cette seconde clé...

OÙ? MAIS, OÙ DONC?

Il vous faut décider de la ville, de la région (du pays) dans lesquels vous aimeriez travailler.

Voici quatre questions; une des réponses, vraisemblablement, vous brûle la langue.

I. *Je veux continuer à travailler où je suis actuellement, car je m'y plais.*

OU 2. *J'aimerais travailler à X...; c'est la région que je préfère.*

OU 3. *Je n'ai pas la moindre idée; d'ailleurs, cela m'est assez égal.*

OU 4. *Cette question est stupide. Là où j'aimerais travailler est une chose; là où il y a de l'embauche en est une autre. Pourquoi rêver?*

Si cette dernière réponse correspond à la vérité des faits, elle gomme les trois précédentes; examinons-la donc de près et en détail. Autant comprendre ce qu'on appelle (*sans rire*):

LE MARCHÉ DU TRAVAIL

Cette expression (trompeuse) évoque une sorte de Bourse où se rencontreraient idéalement employeurs à la recherche d'employés, et employés en quête d'employeurs. Vision utopique!

Quand vous vous lancerez sur ce que l'on appelle le marché du travail, vous constaterez, tôt ou tard, qu'il en existe des centaines (à quoi serviraient les multiples agences, organisations et autres services divers?), et que chacune a ses propres règles, mène un jeu qui lui est propre.

L'ORIGINE DU MYTHE

Pourquoi pense-t-on abusivement qu'il n'existe qu'un unique et vaste marché de l'emploi? Il y a deux raisons à cela:

Première raison: le terme est, en lui-même, une métaphore. Par analogie avec trois marchés: ceux des biens, des capitaux et de la main-d'œuvre. Quel que soit le sens de ce terme dans la bouche de brillants experts, il signifie le plus souvent « *demande* »; ainsi on dira: « comment se présente le marché du travail ce mois-ci? » Et, pour les demandeurs d'emploi ce terme est épouvantable. Il n'existe pas, en effet, de marché central et cette notion a un effet très néfaste.

Deuxième raison: ces fameuses statistiques qui, chaque mois, — vers le 12 ou le 15 —, bouleversent ou réconfortent l'opinion. Voici un exemple: en novembre 1983, Statistique Canada fait état de 1,300,000 demandeurs d'emplois. Pour la période correspondante, 10,700,000 Canadiens avaient une situation. Si vous additionnez ces deux chiffres, vous obtenez celui de la population active et constatez que le pourcentage des personnes inoccupées est de 10.9 %. Au Québec à la même période, 385,000 personnes demandaient des emplois, 2,609,000 travaillaient. Le pourcentage des inoccupées atteignait donc 12.8 %.

Par ailleurs, l'on sait, en ce qui a trait aux cadres, que pas plus de 50 % des postes disponibles sont offerts par la voie des petites annonces publiées dans les journaux. Ici apparaît l'existence d'un « marché caché » qui ne fait l'objet d'aucune publicité. C'est la partie cachée de l'iceberg. Les chiffres sont formels: pendant 1982, une entreprise sur deux a été confrontée au problème du recrutement d'un ou plusieurs cadres.

DES CHIFFRES QUI FONT PEUR

La presse, écrite, parlée ou télévisée, fait toujours largement état des statistiques du ministère du Travail, et autres. Plus de 1,300,000 personnes privées d'emploi et notre esprit s'affole... Mais ces chiffres qui nous perturbent tant méritent un examen plus attentif et approfondi.

Combien de temps une personne munie de diplômes va-t-elle devoir patienter? En réalité, entre 2 et 6 mois.

Dans quel secteur d'activité, à quel niveau de postes, la situation est-elle la plus grave?

Quel est l'impact de l'informatisation et de l'automatisation sur les ouvertures de postes? Sur les licenciements?

Ne vous laissez pas accabler par l'aspect confus de ces chiffres qui donne le sentiment que le marché du travail n'offre pas la moindre ouverture.

COMBIEN DE PERSONNES CONVOITENT-ELLES LE POSTE QUE JE CHERCHE?

Chaque mois, nous avons 1,300,000 demandeurs d'emplois d'un côté et environ 150,000 emplois disponibles de l'autre. Il n'y a pas d'interférence directe entre ces deux chiffres dans la mesure où les situations offertes peuvent ne pas correspondre aux qualifications, ou vœux, des candidats à un emploi. Mieux, dans une région donnée le taux de chômage peut grimper en même temps que nombre de postes offerts!

1. *Les chaises musicales.* Un bon nombre de postes à pourvoir ne font jamais l'objet d'une ouverture déclarée; ils sont le plus généralement pourvus par relations (un salarié de l'entreprise recommande un ami): le hasard. On ne peut en faire une estimation; ils sont « invisibles ».

2. *Exigences trop pointues.* Certaines fonctions requièrent des qualifications d'une précision telle qu'on les trouve difficilement. Elles peuvent rester à pourvoir très longtemps.

3. *Mauvaise visibilité.* Il existe des postes à pourvoir que pourraient remplir de nombreux candidats, mais les employeurs répugnent d'autant plus à les faire connaître qu'ils attachent de l'importance à la personnalité de la personne à recruter. Ils font souvent appel à des chasseurs de têtes. (Voir annexe 2/5).

Vous aurez une idée de ce marché « invisible » si vous savez qu'au total il correspond, pour les cadres, à 50 % des postes. En ce qui concerne les jeunes diplômés, un tiers seulement des ouvertures est diffusé; les deux autres tiers ne figurent que dans les fichiers des Centres d'emploi sur le campus, des organisateurs de stages. Les relations jouent également un rôle important.

5. *Les «faux» demandeurs d'emploi.* Certains, pendant un chent que des emplois ne requérant pas un haut niveau de qualification autour desquels la concurrence est vive. Parmi eux, des jeunes sans formation, des mères de famille qui se lancent après avoir élevé leurs enfants, des retraités, des personnes du troisième âge qui souhaitent trouver une occupation à temps partiel.

5. *Les «faux» demandeurs d'emploi.* Certains, pendant un temps donné, ne font aucune démarche. Ils apparaissent dans les chiffres, de même que les travailleurs saisonniers, le personnel artistique entre deux tournées, deux tournages, etc...

Il convient de reprendre les idées exprimées dans le chapitre précédent sur le côté paradoxal du terme «qualification» (page 74) et ses implications sur le demandeur d'emploi.

A quoi ressemblerait le marché du travail...
s'il y en avait un:

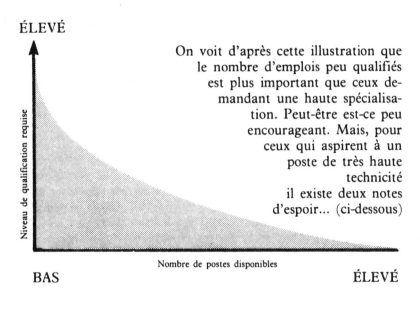

ÉLEVÉ

Niveau de qualification requise

On voit d'après cette illustration que le nombre d'emplois peu qualifiés est plus important que ceux demandant une haute spécialisation. Peut-être est-ce peu encourageant. Mais, pour ceux qui aspirent à un poste de très haute technicité il existe deux notes d'espoir... (ci-dessous)

Nombre de postes disponibles

BAS   ÉLEVÉ

---

1. Plus le niveau des postes que vous visez est élevé, moins vous en serez informé(e) par les circuits habituels; vous devrez donc vous acharner à les dénicher. Ce chapitre vous concerne directement!

2. Plus vous viserez haut, plus vous rencontrerez de difficultés à mettre la main sur le poste de vos rêves, mais moins nombreux seront les concurrents. Gardez également en tête l'idée que, dans la mesure où vous paraîtrez pouvoir résoudre des problèmes spécifiques, les chances que l'on crée un poste sur mesure pour vous seront plus grandes quels que soit votre âge, votre sexe, votre formation.

Une morale paradoxale
Plus vos prétentions
à une fonction de haut
niveau sont justifiées,
plus vous aurez de chances
de la trouver. Ce point
va totalement
à l'encontre d'une
idée généralement
répandue parmi
les demandeurs
d'emploi.

LES COURBES ET STATISTIQUES
SUR LE MARCHÉ DE L'EMPLOI
NE TIENNENT JAMAIS COMPTE
DES EMPLOIS NON PUBLIÉS

Le demandeur d'emploi moyen a dans l'idée que trouver une situation consiste à en trouver une qui, pour une raison ou une autre, se trouve vacante. Aussi examine-t-il les petites annonces, ou tout bulletin spécialisé.

Il est rare qu'il recherche les organisations ou sociétés suscep-tibles de lui convenir, puis les étudie d'assez près pour leur faire des offres qui cadrent directement avec leurs besoins. Cette démarche·pourtant peut susciter la création d'un poste pour lui. Elle est déterminante dans le marché du travail, celui des cadres notamment : 1/3 des fonctions assurées par des cadres en 1982 n'existaient pas 10 ans auparavant. Le mouvement de renouvelle-ment et de création s'amplifie avec les mutations technologiques, la crise de l'énergie, l'envahissement des « tiques » (bureautique, télématique, robotique). L'importance accrue de la part accordée aux phénomènes sociaux est génératrice de fonctions nouvelles. A vous de faire de vos compétences des atouts qui répondent à ces défis.

SAVOIR, C'EST POUVOIR

Il est capital que vous sachiez où vous voulez exercer une acti-vité, car c'est un élément essentiel des satisfactions que vous devez — et pouvez — en attendre.

Quelles que soient les conditions économiques de la région que vous aurez choisie, des postes à pourvoir y existent : certaines personnes quittent le leur pour des raisons d'avancement ; d'autres s'installent ailleurs ; certaines meurent. Des cadres, las d'affronter toujours les mêmes problèmes, décident d'engager pratiquement n'importe qui, capable de les soulager de ces problèmes quotidiens, homme ou femme, jeune ou vieux.

Soyez donc certain de votre cadre géographique. Celui où vous évoluez vous convient ? Restez-y. Vous rêvez de telle région depuis toujours ? Faites porter vos recherches vers elle.

Vous n'avez guère de préférence ? Prenez une carte et jouez aux fléchettes dessus, l'expérience a déjà été réussie.

Où que ce soit, le choix du lieu vous appartient. Personne ne peut en décider pour vous. Ne laissez pas non plus jouer les circonstances.

C'est votre affaire. *La vôtre.*

CONCENTREZ VOS RECHERCHES.
OPÉREZ AU LASER

Ne suivez pas trop de pistes en même temps ; vous y gaspillerez de l'énergie, y perdrez de l'efficacité. Mieux vaut concentrer vos efforts. Vous l'avez vu : les opportunités existent partout et en grand nombre. Suivez le processus de l'entonnoir. (De grâce, lisez le texte en entonnoir page suivante au moins 3 fois, car il résume le cœur du chapitre.)

LA QUESTION ESSENTIELLE :
QUE FAUT-IL POUR TROUVER UN EMPLOI ?

Le moment est venu que vous changiez de carrière. Vous en parlez autour de vous. Des personnes bien intentionnées vous diront que la seule voie est de vous recycler, d'acquérir de nouvelles qualifications.

Les services officiels, les spécialistes vont dans le même sens.

Pourquoi cette unanimité ? La raison en est que, pour tout le monde, deux éléments sont indispensables pour trouver une situation : une expérience ou des diplômes.

1. Une expérience. Vous avez exercé une profession pendant dix ans, quelle qu'elle soit. Vous en avez donc l'expérience et personne ne vous demandera comment vous avez débuté. Si vous souhaitez changer de branche, bien évidemment, vous ne pourrez faire état d'aucune expérience ; or, on n'a cessé de vous le répéter, il vous faut des références ou des diplômes... vous allez donc chasser le diplôme !

MARCHÉ DE L'EMPLOI AU CANADA

1. Vous délimiterez vos recherches à l'intérieur d'une zone géographique bien précise où vous désirez travailler. **2.** Vous réduirez encore votre champ de recherche en classant vos qualifications par ordre d'importance justifiée, puis vous éliminerez les branches d'activités qui ne vous intéressent pas. La gamme des possibilités qui vous reste est encore très large. **3.** Vous l'affinerez en étudiant les structures économiques de la zone choisie en rencontrant des personnes qualifiées, en lisant les publications traitant de la branche que vous aurez retenue. Vous délimiterez ainsi les entreprises qui vous conviendront le mieux. L'éventail est encore très ouvert. **4.** Maintenant, demandez-vous : Serais-je heureux(se) dans cette maison ? Ont-ils besoin de mes qualifications ? **5.** Reste une sélection des entreprises que vous allez contacter, suivant un plan minutieusement mis au point pour postuler un emploi

L'EMPLOI AVEC UN GRAND E

2. Des diplômes. Ils sont indispensables pour certaines professions réglementées : le barreau, la médecine, l'enseignement, par exemple. Vous ne pourrez pratiquement pas échapper à leur cursus.

Il existe nombre d'autres situations qui passent généralement pour n'être compatibles qu'avec certains diplômes. Peut-être parce que rares sont les personnes non diplômées qui ont osé les briguer... Il existe pourtant des cas qui viennent à l'encontre de ce sentiment très largement répandu.

Une troisième voie donc s'offre à vous : faire preuve de vos capacités directement à votre employeur éventuel. Vous pouvez lui montrer notamment que vous êtes la personne qui possède cette qualité qu'il (elle) recherche avant tout diplôme ou toute référence : celle de savoir résoudre des problèmes.

3. *L'art de résoudre les problèmes.* Peu importe les attributions accolées à tel ou tel poste, il en est une commune à tous : celle de savoir venir à bout de certains problèmes. *Aucune entreprise n'engagera une personne qui n'est pas susceptible de les résoudre.*

Comment prouver que vous êtes celui (celle) qu'il faut ? En ayant une connaissance aussi poussée que possible des structures et des besoins de telle ou telle entreprise. Vous étudierez donc celle de votre choix AVANT de vous présenter.

Ce point essentiel vaut pour toute personne décidée à changer de carrière, mais également pour tout débutant.

Vous y consacrerez le temps qu'il faudra et ne vous contenterez pas d'une enquête superficielle (une ou deux heures passées dans une bibliothèque sont nettement insuffisantes). Notre conviction est la suivante :

Menez l'enquête la plus approfondie possible. Utilisez vos réserves de patience. Allez au bout de votre détermination. Jour après jour, heure par heure. Quel boulot ! mais... quelle récompense !

NE CHARGEZ PERSONNE DE CES RECHERCHES

Il existe plusieurs raisons qui justifient que vous meniez *personnellement* ces recherches.

1. *Vous seul(e)* savez exactement ce que vous voulez et ne voulez pas ; vous seul(e) connaissez vos *tropismes*.

2. Mieux vaut acquérir la confiance en vous qui naîtra de ces recherches avant de vous présenter.

3. Dans les fonctions qui vous seront attribuées vous devrez exploiter ces mêmes qualités et talents que requièrent vos recherches. Autant les mettre en pratique avant de les assumer. C'est tout bénéfice, pour des années.

4. Dans la mesure où seront exigés de vous les talents que nécessitent vos recherches, vous vous perfectionnez en menant celles-ci du mieux possible. Conclusion, vous serez mieux rodé et plus performant.

Pouvez-vous donc effectuer ces recherches vous-même?

Naturellement.

DES CHOSES ÉCRITES ET DES GENS

Au cours de ce processus de recherche sur a) vos talents, b) la branche de votre choix, c) la région de votre choix, d) les entreprises de votre choix, vous aurez très vraisemblablement à faire alternativement à du matériel écrit (journaux, revues, dossiers, etc...) et à des gens bien informés de vos thèmes d'enquête. *Vous consulterez des textes tant que vous y trouverez quelque chose. Puis vous consulterez des gens avant de devoir revenir à la chose écrite.*

Au départ, un point essentiel: *Que recherchez-vous?*

Si votre recherche porte sur	Vous pourrez trouver
vos capacités	le type de fonction qui fera appel au plus grand nombre d'entre elles
des champs d'activité possibles	celui dans lequel vous serez le (la) plus heureux(se), donc le (la) plus efficace
les entreprises susceptibles de vous convenir	les raisons pour lesquelles vous n'auriez pas envie d'y travailler; leurs problèmes et leur urgence; ceux que vous pouvez contribuer à résoudre.

ENTRETIENS
STRICTEMENT INFORMATIFS

A cette étape de notre méthode, les entretiens que vous solliciterez sont strictement informatifs. Définissons-les nettement.

Phase N° 1. Vous êtes celui (celle) qui interroge. Les employeurs et les organisations sont les interrogés. L'idée est de déceler ceux qui vous intéressent, *vous*; de recueillir des informations, d'établir des contacts, de repérer des organisations dans le sens de *votre seul* intérêt. Quelqu'un peut vous accompagner. Vous n'êtes pas encore au stade de la candidature.

Phase N° 2. Vous avez sélectionné 4 ou 5 entreprises que vous jugez pouvoir vous intéresser. Vous reprenez contact avec elles (nous verrons comment dans le prochain chapitre) pour obtenir un entretien visant à solliciter un emploi comportant des attributions qui vous plaisent. A votre tour, et alors seulement, vous êtes l'interrogé, et l'employeur l'interrogateur. Vous n'en devez pas moins être extrêmement attentif à votre interlocuteur (trice) et à son environnement; vous pouvez, en effet, percevoir quelque chose qui vous fasse penser immédiatement: «Cet endroit n'est pas pour moi...». Si, au stade qui fait l'objet du paragraphe précédent, vous vous sentez en position d'«interrogé», vous êtes dans l'erreur. Vous êtes parfaitement en droit de décider si telle entreprise vous convient ou non, si vous pourrez vous y montrer efficace.

POUR BIEN CONNAÎTRE UNE ENTREPRISE

Les principes de recherches d'informations sur une entreprise sont les mêmes, qu'elle soit géographiquement proche ou éloignée.

1. *Définissez clairement les différents types de renseignements dont vous aurez besoin pour votre campagne.*

Récapitulons:

a) *Dressez la liste des talents et qualifications i) dont vous avez fait preuve, ii) que vous aimez exploiter.* Classez-les par familles et par ordre d'importance. N'omettez aucune de ces distinctions sous peine de porter un handicap grave à la suite de vos démarches.

b) *Dans quel cadre souhaitez-vous les exercer?* De quelle manière? Au service de qui, de quoi? Pour accomplir quoi?

c) *Identifiez les entreprises* qui i) vous intéressent pour leur champ d'activité, ii) emploient déjà des personnes ayant des compétences proches des vôtres, iii) devraient en employer et peuvent en être convaincues, iv) se trouvent dans la zone géographique que vous avez choisie. Cette dernière caractéristique détermine les trois premières.

d) *Relevez les entreprises situées dans les villes sur lesquelles vous portez votre attention.* Plus la liste en sera précise, plus votre travail de recherches sera facilité.

e) *A quelles difficultés se heurtent ces organisations, particulièrement dans les domaines ou les départements dans lesquels vous travaillerez?* Plus votre poste sera élevé, plus elles seront complexes.

f) *Qui est habilité à embaucher pour le poste que vous convoitez?* Sauf si vous débutez, ce n'est vraisemblablement pas le service du personnel.

2. *Notez, parmi les points d'interrogation énumérés ci-dessus, ceux dont la réponse peut vous être fournie là où vous vous trouvez, et ceux pour lesquels vous aurez besoin d'aide dans la ville que vous avez choisie.*

Normalement, vous devez pouvoir répondre aux points a) et b), dans la mesure où ils ne concernent que vous. Mais vous pourrez trouver de l'aide dans « Le guide de la recherche rapide d'emploi ». (Appendice page 133).

S'il ne vous suffit pas, vous pouvez faire appel a) à un parent, un ami, une relation, b) au service d'un professionnel, d'un conseiller d'orientation, au service de placement des écoles, aux Centres travail-Québec ou Centres d'emploi du Canada.

Vous pourrez partiellement avancer sur les points c) et d) et aussi sur le f) en allant dans une bibliothèque.

Votre liste devrait se présenter ainsi:

Recherches que je peux faire ici	Recherches que d'autres doivent faire là-bas
a) détaillées	le complément de
b)	c)
c)	d)
d) en partie	e) détaillées
f)	f)

3. *Déterminez le laps de temps dont vous disposez avant de devoir impérativement trouver un emploi.*

Si vous pouviez venir à bout de votre enquête en un mois, ce serait l'idéal, naturellement. Beaucoup y parviennent. Mais il n'est pas rare qu'elle demande plusieurs mois, 10 ou plus. Plus rapidement vous vous y mettrez, plus vous pourrez y consacrer de temps, et mieux il en ira.

4. *Essayez de trouver le moyen, pendant ce laps de temps, de vous rendre dans la (ou les) ville que vous avez choisie.*

Ne pourrez-vous mettre à profit un reste de vacances, un congrès, une réunion d'association (à laquelle vous aurez adhéré)? Faites un effort. Vous devrez, de toute manière, y aller pour votre entretien d'embauche. Mettez tout en œuvre pour y arriver quelques jours avant la date fixée. Il est bon que vous puissiez vous faire une idée de l'environnement.

5. *Préalablement à cette visite, mettez tout à profit pour répondre aux points c), d), e) et f).*

Sélectionnez donc trois ou quatre villes et commencez votre enquête par celle qui vient en tête de liste à partir des moyens d'information suivants:

a) *La presse locale.* Abonnez-vous pour 3 ou 6 mois. Vous serez étonné(e) de ce que vous apprendrez et découvrirez. Relevez le nom des entreprises en expansion.

b) *Les chambres de commerce.* Ces organismes sont parfaitement informés de son tissu économique. N'hésitez pas à leur poser des questions par écrit.

c) *Vos contacts.* Recherchez dans vos anciens camarades de régiment, d'école, de faculté si certains sont domiciliés dans cette ville (à moins que vous n'y ayez de la famille ou y ayez vécu). Entrez en contact avec des coreligionnaires. Faites jouer à fond « les amis d'amis ».

6. *Partez de l'idée que l'agglomération urbaine dans laquelle vous demeurez actuellement offre des structures analogues, au moins à certains égards, à celles de la ville dans laquelle vous envisagez de vous installer — vous recueillerez ainsi des informations sur place qui pourront être transposées ailleurs.*

Vos centres d'intérêt se portent sur l'informatique, la botanique, le bricolage? Enquérez-vous des rouages, des personnes qui en sont les pivots où vous habitez. Tel analyste programmeur, tel ingénieur agronome, tel directeur de grande surface spécialisée... Allez lui demander un petit quart d'heure de son temps et posez-lui des questions sur le fonctionnement de sa profession, demandez-lui si, éventuellement, il connaîtrait quelqu'un à qui, dans votre futur lieu de résidence, il conviendrait que vous vous adressiez. Si oui, écrivez-lui et « faites votre propre promotion ». Sinon, vous entrerez en contact anonymement avec les services compétents — au plus haut niveau —. Mais, au moins, serez-vous informé(e) des règles en vigueur dans la branche qui vous intéresse.

Ce faisant, vous aurez avancé dans le point c) (page 101).

CONCENTREZ-VOUS
A. SUR UNE ZONE GÉOGRAPHIQUE

Si vous avez décidé de changer de cadre géographique, le moment viendra où il faudra vous rendre sur place. Mais pour que ce déplacement soit réellement efficace, mieux vaut connaître par avance les personnes qui occupent des postes clés dans votre domaine et les organisations susceptibles de vous intéresser.

Multipliez les contacts. Comment ? Par le biais des Chambres de Commerce, des associations d'anciens, des clubs sportifs, des clubs Rotary, Lyons, Richelieu et autres, des groupements religieux, culturels, etc... Ne négligez pas non plus le Who's Who particulièrement utile si vous êtes cadres.

Mettez à profit toutes vos relations, familiales, amicales. N'hésitez à faire jouer les « amis d'amis ».

Pensez également que les petites annonces de la presse locale vous sont ouvertes.

Faites feu de tout CONTACT.

B. SUR SON TISSU PROFESSIONNEL

Ayant déterminé votre champ d'activité, examinez les structures dans lesquelles vous y déploierez vos compétences avec le maximum de satisfaction, donc d'efficacité.

Vous trouverez en annexe des éléments vous permettant de les identifier.

Mais, rappelez-vous les questions clés :

1. Ai-je envie de travailler dans une société moyenne, une grande entreprise, un organisme public, la fonction publique, une association ?

2. Ai-je envie de travailler pour une entreprise bien assise ou pour une entreprise qui démarre ?

3. Ai-je envie d'une promotion rapide? Ce qui implique que l'organisation choisie ait un plan de développement ambitieux. A l'étranger ou en France...

4. Ai-je envie d'un poste qui comporte de nombreux défis ou d'une situation stable?

5. Ai-je envie de responsabilités (lesquelles?)? Dans quelles conditions de travail? Avec quel genre de personnes? A quel salaire? Avec quelles garanties d'avancement?

La tâche peut paraître lourde et vous serez peut-être tenté(e) d'abandonner ce travail d'enquête en cours de route (les vieilles méthodes de recherche d'emploi doivent bien avoir du bon!) et puis, progressivement, vous prendrez goût à cette entreprise de fouine; l'instinct «détective» s'éveillera en vous; vous «chasserez» les personnes, les organismes avec cette idée en tête: ils doivent vous être utiles *et* vous plaire. Il vous arrivera même de penser que celle/celui qui vous embauchera aura bien de la chance!

CONNAISSEZ-LES
ET FAITES-VOUS CONNAÎTRE

Vous êtes, enfin, sur place. Vous allez rencontrer telle personne, puis une autre, constituer une chaîne, un réseau, dont chaque maillon vous conduira au maillon suivant.

Vous n'avez aucune expérience de ce genre de processus et il vous effraie (c'est parfaitement compréhensible). Vous vous dites que jamais vous ne passerez le barrage des secrétaires, que, jamais, les gens de poids n'auront le temps de vous recevoir. Répétons-le: si vous êtes introduit(e) par un de vos contacts, cette argumentation tombe.

Imaginons que vous n'en trouviez aucun qui vous conduise à la personne ou l'organisation convoitées. Vous avez à votre disposition une méthode assez simple.

Vous êtes certain(e) de vouloir travailler dans l'informatique et à Sherbrooke. Vous vous rendez dans cette ville; vous y apprenez qu'une petite société d'informatique vient d'y être montée. Vous avez toutes les chances que son directeur soit aussi passionné que vous l'êtes par ce sujet. Il ne vous sera pas difficile de trouver son numéro de téléphone, puis de l'appeler. Dans la mesure où il est nouvellement installé, sa secrétaire vous le passera. Vous lui expliquerez le très grand intérêt que vous portez à sa branche d'activité. « J'aimerais en savoir davantage sur ce que vous faites car je crois avoir quelques idées sur la question. » S'il (elle) vous demande si vous cherchez un emploi, répondez: «Non, pas pour le moment. » Il (elle) vous proposera très vraisemblablement un rendez-vous, peut-être même vous invitera à déjeuner. Les faits sont là : les chances qu'il vous offre une situation sont grandes. Mais l'idée viendra de lui (d'elle). Ne donnez aucune réponse

ENTRETIEN D'INFORMATION
SUR LES PROBLÈMES D'UNE ENTREPRISE

Quel est le rang de cette société dans son secteur d'activité ? Est-ce une entreprise familiale ? Quelle incidence cette appartenance peut-elle avoir sur l'avancement ? Où sont localisés ses usines, ses succursales, ses bureaux ? Quels sont ses plans d'avenir ? Quels services ont été développés au cours des dernières années ? Dans quelle direction s'oriente-t-elle ? Quels sont ses derniers produits, ses *nouveaux processus* ? Quelle est sa situation quant à ses action-naires, si elle en a ? A-t-elle des projets de fusion ? Quelle est son image de marque ? Si elle est cotée en bourse, où en sont ses actions (renseignez-vous auprès d'un agent de change, d'un courtier) ?

Son personnel change-t-il fréquemment ? Quel est l'état d'esprit de ses employés ? Ont-ils l'air tendu ? A-t-elle une politique de promotion interne ? Depuis combien de temps l'ensemble de ses cadres supérieurs travaille-t-il pour elle ?

Pousse-t-elle son personnel à suivre des stages de perfectionnement ? Y contribue-t-elle financière-ment ?

Comment l'information circule-t-elle dans ses services ? Quel est le poids de la hiérarchie ?

Est-elle confrontée à un problème majeur qui risque d'arrêter ses activités, ou de les réduire, s'il n'est pas résolu rapidement ?

immédiate. Prenez le temps de réfléchir. Comportez-vous comme vous souhaitez qu'il (elle) se comporte avec vous. C'est capital.

Vous avez gagné deux choses à suivre à la lettre ce plan d'investigations :

1. *une liste des entreprises qui, dans la région de votre choix, sont susceptibles d'utiliser au mieux vos capacités ;*

2. (et dans un deuxième temps) *l'état détaillé des problèmes auxquels elles sont confrontées.*

LES PROBLÈMES DES ENTREPRISES

A ce stade, l'assise financière d'une organisation n'est pas votre souci majeur. A des degrés divers, toutes les entreprises se posent des questions d'ordre financier, mais ce qui vous intéresse, ce sont les problèmes auxquels l'entreprise doit faire face.

Bien sûr, n'utilisez pas le mot problème, dites plutôt : défi, domaine d'intérêt, opportunité à saisir...

N'hésitez pas à poser toutes les questions qui vous éclaireront dans ce sens car il vous faut connaître les difficultés que vous aurez à résoudre, et que vous pourrez résoudre avec plaisir. Pas nécessairement les problèmes propres à cette entreprise, mais les problèmes les plus courants dans la branche : faible rentabilité, planification, etc.

Certaines de ces questions sont générales et communes à *toute* organisation sur laquelle vous enquêterez. D'autres sont essentiellement spécifiques à celle qui vous intéresse. Il vous faudra chercher, fouiner, fouiller pour y trouver des réponses. Quel que soit l'aboutissement, vous aurez affiné vos capacités à un point tel que ces démarches portent en elles-même une récompense inestimable.

Vous doutez de pouvoir saisir la nature du problème que doit résoudre telle organisation ? Réfléchissez. Il vous est arrivé au moins une fois d'aller dans un grand magasin, et d'y avoir vécu une expérience peu agréable. Vous avez dû attendre votre tour, vous n'avez pas obtenu les renseignements qui vous auraient permis de faire un choix intelligent, etc... Ce jour-là vous avez mis le doigt sur l'exemple type de difficultés qui doivent trouver une solution. Vous êtes donc bien plus au fait de ce qui vous attend que vous ne le pensez.

Vous trouverez en annexe des informations susceptibles de vous aider à avancer sur ce point.

DES RÈGLES POUR AVOIR UNE IDÉE
DES BESOINS OU PROBLÈMES
D'UNE ORGANISATION

Règle n° 1. Inutile de traquer les problèmes d'une entreprise dans son ensemble à moins qu'elle soit très petite ; concentrez-vous sur ceux de la personne qui a le pouvoir de vous engager.
Ne poussez pas la conscience trop loin. Si vous voulez entrer chez Michelin, IBM ou à L'Hydro, ne croyez pas qu'ils attendent que vous ayez une vue globale de leurs problèmes. Renoncez-y. Dites-vous que, fort heureusement, votre tâche est infiniment moins vaste et limitez-vous aux problèmes qui incombent directement à la personne qui sera votre supérieur (e) hiérarchique. Ce qui suppose, naturellement, que vous l'ayez identifiée. Mais vos contacts vous y auront aidé(e). Si vous devez vous retrouver devant un comité d'embauche, informez-vous (toujours par vos contacts) des personnes qui le composent.

Règle n° 2. Ces problèmes ne sont pas nécessairement complexes, ou énormes, ou difficiles à cerner. Ils peuvent être simples, mineurs et évidents. Vous pourrez vous en faire une idée à partir de ce que vous apprendrez sur votre prédécesseur. « Il (elle) arrivait toujours en retard, prenait trop de temps pour déjeuner, était trop souvent malade. » « Il (elle) tapait bien à la machine, mais ne savait pas répondre au téléphone. » « Ses rapports avec les jeunes étaient mauvais. » « Impossible d'obtenir de lui (d'elle) que je sache ce qui se passe. » etc...
Ce peut être aussi simple que cela, et, même si vous avez décelé d'autres points défectueux, ce sont ceux-là que votre embaucheur potentiel souhaite voir résolus.

Règle n° 3. Le plus généralement, votre rôle n'est pas d'apprendre quelque chose à votre employeur mais de savoir ce qu'il (elle) a dans la tête. Vous avez la conviction, pour y avoir longuement réfléchi, que le bon fonctionnement de votre futur service souffre d'un problème dont son responsable n'a pas cons-cience. A vos yeux il est capital et votre tentation est de lui en faire part. Résistez-y.
Des considérations qui vous sont étrangères peuvent faire que votre employeur potentiel ne puisse être sensible à votre idée de génie. A ce stade, vous ne devez pas vous demander pourquoi il (elle) vous embaucherait, vous, mais pour quelles raisons il (elle) a décidé d'embaucher quelqu'un. Essayez de découvrir ce qu'il (elle) a dans la tête. Vous ignorez encore s'il (elle) est perméable à certaines idées.

Règle n° 4. *Il existe plusieurs moyens pour découvrir ses intentions.* En voici une énumération, (elle n'est pas exhaustive).

a). *Faites quelques estimations.*

1. L'organisation est en expansion; elle a besoin:
   a. de se développer dans son secteur OU
   b. de se diversifier OU
   c. de créer un poste, ou un service, exigeant des compétences totalement neuves pour elle.

2. L'organisation a un niveau de croissance constant, elle a besoin:
   a. de remplacer des personnes licenciées (sachez pourquoi); OU
   b. de remplacer des personnes qui ont donné leur démission (quelles qualités avaient-elles?) OU
   c. de créer un nouveau poste; cela arrive dans des sociétés qui ne sont pas en expansion pour:
      — soit répondre à des besoins qui n'avaient pas été remplis jusqu'alors mais doivent l'être maintenant, même au détriment d'un autre poste;
      — soit réorganiser les attributions de leur personnel.

3. L'organisation est en régression (réduction d'effectifs, baisse de production, de chiffre d'affaires):
   a. elle n'a pas encore décidé de mesures de restructuration, ce qui est *son* affaire, mais vous pouvez l'y aider, OU
   b. son programme de restructuration est en cours et vous pouvez tenir un poste polyvalent.

b). *Analysez les problèmes posés à votre employeur éventuel au cours de votre entretien d'information.* Ne vous livrez pas à des conjectures. Faites-le (la) participer à votre enquête (Voir l'Appendice).

c). *Analysez les problèmes posés à votre employeur éventuel à partir d'un entretien que vous aurez avec son homologue dans une entreprise concurrente.* Ceci vaut si vous êtes déjà sur place et que vous n'ayez pu encore entrer en contact direct avec lui (elle). Choisissez une organisation dont les structures, l'importance, les caractéristiques approchent le plus celles de l'entreprise que vous visez.

d). *Analysez les problèmes posés à votre employeur éventuel en ayant un entretien avec la personne qui occupait le poste avant vous.* Personne, absolument personne, ne connaît mieux les préoccupations d'un patron que celui (ou celle) qui a travaillé pour lui (elle). S'il (elle) est toujours dans son service, sa discrétion sera peut-être un handicap, que vous ne rencontrerez pas dans le cas contraire.

e). *Faites appel à vos relations, vos contacts, vos amis* pour trouver quelqu'un qui connaisse

1. l'organisation dans laquelle vous souhaitez entrer, ou une tierce personne qui la connaisse;

2. la personne qui est habilitée à vous embaucher, ou une tierce personne qui...

3. son homologue dans une société concurrente mais dont les caractéristiques soient, sinon identiques, du moins très proches.

f). *Suivez cette méthode d'appoint: documentez-vous dans les bibliothèques.* Consultez toutes les publications qui vous permettront de recueillir des informations sur l'organisation que vous visez.

Règle n° 5. *Tenez compte du jargon professionnel.* Vous devez adapter la manière dont vous allez présenter vos qualifications aux schémas de pensée et au vocabulaire de votre employeur éventuel. Évitez le mot «problème» qui a, pour lui, une connotation pénible. Parlez plutôt de «préoccupation», de «défi». Ne dites jamais: «Il me semble que vous avez tel ou tel problème...» mais «Il y a peut-être là quelque chose d'intéressant à faire...».

Voici quelques exemples qui vous aideront à entrer dans son langage.

Points d'inquiétude de votre employeur éventuel :	Comment y répondre ?
Votre prédécesseur avait beaucoup de qualités mais prenait tout beaucoup trop au sérieux.	vous avez toutes les qualifications et qualités requises et aussi le sens de l'humour.
Le développement rapide de sa société impose de mettre au point un plan de formation.	vous avez les compétences nécessaires pour former les gens dans le domaine concerné.
Le nombre imposant de points de détail mineurs dont il (elle) souhaiterait pouvoir se décharger.	vous savez parfaitement vous charger des points de détail, et de leur suivi. (Mieux vaut que ce soit vrai).
Son journal ne couvre probablement pas tous les sujets qu'il devrait — ce qui l'obsède — mais le temps lui manque pour en dresser la liste et décider des options à prendre.	vous avez soigneusement étudié ses sommaires des dix dernières années et avez noté les « trous ».

TEXTES A CONSULTER

Vous trouverez ci-après, et surtout dans les annexes, des ouvrages, textes et documents qui vous mettront sur la trace des préoccupations des organisations.

Des journaux : *Finances, Les Affaires, Financial Post, Formation et emploi.*

Les revues internes des Chambres de commerce, les revues publiées par les différentes chambres professionnelles, les notes d'informations éditées par les entreprises elles-mêmes.

Les informations financières destinées aux actionnaires sont souvent riches d'enseignements sur les projets de diversification, les accords, les fusions, les nouveaux produits, etc..

Vous trouverez également en annexe les références des associations qui publient des revues dont l'intérêt n'est pas négligeable.

Il ne s'agit pas de vous enfermer dans une bibliothèque derrière des piles de livres et brochures. Vos lectures doivent toujours être complétées par des entretiens. A cet égard, nous ne répéterons jamais assez que la base de ces entretiens se joue sur vos contacts.

Quand vous vous trouvez face à un employeur éventuel, faites passer le fruit de vos lectures au second plan. Votre souci sera d'écouter avec une attention extrême tout ce qu'il (elle) vous dira. Chacune de ses paroles risque de vous éclairer sur ses besoins, sur le profil de la personne qu'il (elle) recherche.

« CHECK-LIST » OU PENSE-BÊTE
DE L'ENTRETIEN D'INFORMATION

Vous dites avoir essayé de mener à bien des entretiens d'information mais que, si l'idée vous en paraît fort intéressante, vos résultats ont été décevants. Vous y êtes-vous bien pris ?

Avez-vous bien fait vos devoirs pour définir vos qualifications, vos talents, vos compétences ? Non ? Allez à l'Appendice (Le guide de la recherche rapide d'emploi). En un week-end calme, vous pourrez avoir comblé cette faille.

Avez-vous respecté le modèle d'entretien d'information donné aux pages 164-168 du Guide ? Peut-être est-ce là une des raisons de vos difficultés, mais vous savez ce qu'il vous reste à faire.

Vos demandes de rendez-vous ont-elles été faites par écrit ? Renoncez-y, sauf si vos interlocuteurs éventuels sont trop éloignés, et préférez le téléphone. Vous pouvez également risquer de vous présenter sans rendez-vous.

Vous sentez-vous mal à l'aise dans ces entretiens parce qu'ils vous paraissent correspondre à une manière déguisée de postuler immédiatement pour un emploi ? Si tel est le cas, vous avez mal compris cette étape de notre méthode. Reportez-vous aux pages 164-168 ; lisez-les et relisez-les. Si vous avez le sentiment de briguer un emploi, vous vous mettez immanquablement en position d'« interrogé(e) », alors que vous devez être la personne qui interroge.

Quand vous sollicitez un rendez-vous, précisez-vous bien immédiatement au téléphone que vous n'avez besoin que de 15 minutes, et vous en tenez-vous bien à ce laps de temps? Tout employeur redoute d'être pris au piège d'un(e) bavard(e) qui s'installera dans son bureau pour une heure ou deux. Insistez sur la brièveté de l'entretien demandé.

Quand vous sollicitez un rendez-vous, avez-vous usé de vos contacts? Sinon, pour quelles raisons? Ils doivent vous servir à chaque étape de vos recherches, pas seulement au stade terminal.

Vous avez obtenu votre rendez-vous et êtes face à votre interlocuteur(trice) mais vous ne savez pas quoi dire. La conclusion s'impose: vos idées sur ce que vous cherchez ne sont pas arrêtées. Reportez-vous aux annexes indiquées à la deuxième question.

CETTE VIEILLE OBSESSION: LE CURRICULUM VITAE

Vous avez bien avancé dans vos recherches, vous savez maintenant quel type de poste vous recherchez, dans quel type d'organisation, et où. Vous avez tous les atouts en main pour rédiger le plus extraordinaire des curriculum vitae. Si vous le jugez nécessaire. Certains préfèrent le «parler» plutôt que «l'écrire». De toute manière, vous trouverez des conseils pour venir à bien de cette tâche dans la plupart des livres que nous vous indiquons en annexe 1.

Les clés pour la réussir sont simples. Sachez exactement les raisons pour lesquelles vous établissez ce document (pour ouvrir des portes? comme aide-mémoire pour les personnes qui vous auront accordé un entretien? ou les deux), à l'intention de qui, définir ce que vous voulez qu'il(elle) sache de vous, ce que vous pouvez lui apporter, développez des arguments favorables à votre embauche.

Cette entreprise est facile dès lors que vous connaissez votre objectif prioritaire, le point fort de vos capacités et leur domaine d'application optimal dans une entreprise.

Si vous avez scrupuleusement suivi la méthode expliquée dans cet ouvrage, votre curriculum vitae s'en ressentira en bien. Ne vous basez jamais sur le curriculum vitae de quelqu'un d'autre.

ULTIMES RECOMMANDATIONS

Ne faites jamais état dans votre curriculum vitae d'éléments négatifs qui puissent jouer contre vous. Il ne s'agit pas d'une confession.

Tenez-vous en à la stricte vérité mais opérez une sélection ; ne divulguez pas vos points faibles, vos trous.

Réfléchissez bien avant de l'envoyer. Peut-être n'est-il pas nécessaire de mettre une feuille de papier entre un employeur éventuel et vous. Le papier est le meilleur isolant entre deux personnes, surtout quand il s'agit d'un curriculum vitae.

Merci

Remerciez le soir même par écrit la (les) personne(s) qui vous a (ont) reçu(e) ou aidé(e) dans la journée. Ce principe est essentiel, et trop de demandeurs d'emploi en font fi. Remercier qui vous aide est un geste de courtoisie sur lequel vous ne devez pas transiger.

Ajoutons qu'il peut vous permettre de préciser un point demeuré flou, de revenir sur un autre qui aura été, à vos yeux, trop rapidement évoqué, de marquer votre compréhension des thèmes qui ont été abordés.

N'oubliez pas les secrétaires ; remerciez-les. Elles s'en souviendront et pourront influencer leur patron(ne) en votre faveur.

Ne sous-estimez pas cette ultime recommandation. Elle vous fera reconnaître pour quelqu'un qui sait comment se comporter, or c'est peu fréquent de nos jours. Par ailleurs, elle n'est pas désagréable... que demander de plus ?

Si l'on en croit une étude, savoir dire « merci » est un facteur déterminant dans une recherche d'emploi réussie.

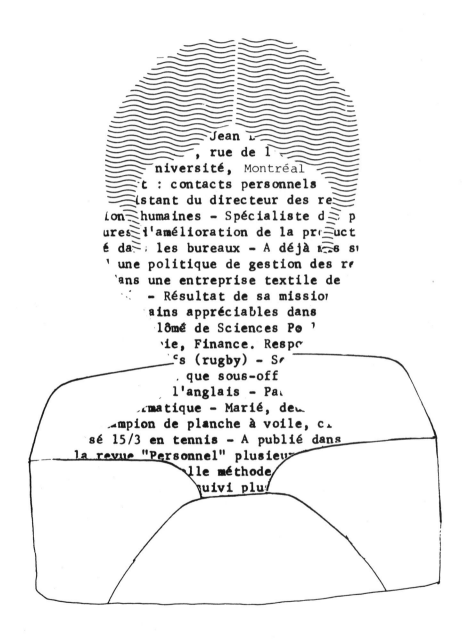

Jean L
, rue de 1
niversité, Montréal
t : contacts personnels
stant du directeur des re
ion humaines - Spécialiste d p
ures l'amélioration de la pr uct
é da les bureaux - A déjà s s
une politique de gestion des r
ans une entreprise textile de
- Résultat de sa mission
ains appréciables dans
lômé de Sciences Po
ie, Finance. Respo
s (rugby) - S
que sous-off
l'anglais - Pa
matique - Marié, deu
mpion de planche à voile, c
sé 15/3 en tennis - A publié dans
la revue "Personnel" plusieu
lle méthode
uivi plu

*« Vous êtes une bande d'imbéciles. Vous
poursuivez vos buts d'une manière si
insignifiante que jamais personne ne
vous portera la moindre attention.
Ne perdez pas de temps à rechercher la
société de vos rêves. Pourquoi ne vous
faites-vous pas une idée de la personne
pour laquelle vous souhaitez travailler?
Ensuite, vous partirez à sa recherche. »*

Le professeur Albert Shapero
à ses étudiants

IDENTIFIEZ L'HOMME OU LA FEMME QUI A LE POUVOIR DE VOUS EMBAUCHER ET MONTREZ-LUI COMMENT VOS TALENTS L'AIDERONT A RÉSOUDRE SES PROBLÈMES

TROISIÈME CLÉ DU PLAN DE CARRIÈRE ET DE LA RECHERCHE D'UN EMPLOI

Ayant mené à bien cette recherche intensive des organisations pour lesquelles vous aimeriez exercer vos talents et en ayant établi une sélection, vous avez obtenu deux résultats majeurs :

1. *La liste en est vraisemblablement moins longue que vous ne l'escomptiez* avant que vous vous soyez rendu(e) dans leurs locaux ; en effet, certaines *ne sont pas confrontées à des problèmes que vos qualités les plus solides pourraient résoudre* ; et dans certaines autres, vous n'avez pas envie de les employer.

2. Vous connaissez *bien mieux les difficultés* que rencontrent *d'autres organisations* et *le moyen d'en venir à bout.*

Vous êtes l'oiseau rare car elles apprécient qu'on s'intéresse à elles, et vous en savez beaucoup plus sur leurs besoins qu'il n'en faut, au moins à ce stade de l'embauche ; à une condition toutefois : *adressez-vous à la personne responsable* du secteur qui pose problème — et *à elle seule.*

Tenez-vous à distance des

SERVICES DU PERSONNEL

Tous les spécialistes, tous les ouvrages sérieux le disent : dans la plupart des grandes entreprises, les services du personnel sont au bas de l'échelle ; ils ne sont que rarement informés des postes à pourvoir ; et quand ils le sont, ils ne sont pas habilités à embaucher à l'exclusion des postes de débutants ; pour les autres, ils ne procèdent qu'à une première sélection et passent les dossiers des « survivants » à des cadres plus élevés dans la hiérarchie ; fuyez-les donc comme la peste.

Certains enseignants d'écoles de gestion estiment que, en tant que recruteurs, ces services du personnel ont un avenir gravement compromis ou, au moins, voué à une restructuration radicale.

Donc, restez-en à l'écart et suivez de préférence cette méthode : procurez-vous le Who's Who sur les chefs d'entreprises, la revue *Commerce* qui mensuellement publie des articles sur les personnalités du monde des affaires, etc... ; ainsi connaîtrez-vous *l'identité de la personne chargée de venir à bout du problème que vous pouvez contribuer à résoudre.* Si vous avez un doute, *vous taperez de préférence plus haut que trop bas.*

Un conseil : faites en sorte de savoir le maximum de choses sur ce(tte) futur(e) interlocuteur(trice) pour éviter d'aller contre ses idées chères ; il (elle) a le droit à ses tropismes ! Si vous avez été introduit auprès de lui (d'elle) par une relation commune, interrogez-la.

VOUS VOULEZ LE (LA) RENCONTRER, MAIS LE VEUT-IL (ELLE)?

Cette question inquiète la quasi-totalité des nouveaux demandeurs d'emploi car ils présument que la réponse est « non ». Il n'en est rien.

Neuf fois sur dix, la réponse est « oui ». Quels que soient l'âge ou le sexe de votre futur interlocuteur.

Mettons que vous l'ayez déjà rencontré(e).

Il (elle) peut vous avoir apprécié(e) et, même, vous avoir déjà offert un poste (le cas est fréquent) ; vous aviez répondu être flatté(e) et bien décidé(e) à garder sa proposition en tête, mais que vous ne saviez pas encore exactement où vous vouliez travailler. Maintenant, vous vous sentez prêt(e) et vous l'en informez.

Vous ne vous connaissez pas.

La situation est identique. Il y a neuf chances sur dix pour que vous trouviez quelqu'un qui servira d'intermédiaire. Sinon, vous direz vouloir lui *parler de questions ayant trait à son entreprise, que vous avez des idées susceptibles de l'aider.*

Vous établissez un courant.

Le cas de figure le plus fréquent dans les entretiens d'embauche est que l'employeur demande à l'employé(e) éventuel(le) ce qu'il(elle) peut faire pour lui (elle). Vous inversez cette situation en indiquant ce que vous pouvez faire pour lui (elle).

Votre offre l'intéresse-t-il(elle) ?

Neuf fois sur dix, la réponse est « oui ».

Si la réponse est non, demandez-vous si vous souhaitez vraiment travailler pour lui ou pour elle. Et si vous persistez, vous devrez le (ou la) convaincre de vous embaucher — même s'il faut créer un poste rien que pour vous.

CET HOMME, CETTE FEMME QUE VOUS ALLEZ VOIR
EST EXACTEMENT COMME VOUS —
AVEC UNE VRAIE ANGOISSE EN PLUS

La minorité créatrice signale, à juste titre, que la grande tension qu'implique toute embauche est une des raisons pour lesquelles le processus en est difficile.

Examinons certains des facteurs qui la provoquent:

1. Il y a de très grandes chances pour que la personne qui recrute ait été engagée dans son entreprise pour d'autres qualités que celles de recruteur; ce rôle peut ne pas lui convenir du tout.

2. Elle ne peut s'en décharger sur quelqu'un d'autre dans la mesure où c'est elle qui devra vivre avec le (la) recruté(e). D'où, dans ces entretiens, la connotation « j'aimerais bien qu'on fasse cela à ma place, mais c'est impossible ».

3. Si la personne qui embauche commet une erreur, elle s'en mordra les doigts à longueur de journée; il est rare en effet, qu'elle ne revoie jamais le (la) candidat(e) qu'elle aura retenu(e). Elle a déchargé le service du personnel de cette responsabilité *parce que le poste à pourvoir vient immédiatement sous ses ordres et implique donc une cohabitation journalière.*

4. En cas d'erreur, et le recruteur et le recruté seront mal jugés par leurs supérieurs, par le conseil d'administration, etc...

5. Mal juger peut coûter un avancement... ou même la responsabilité d'un service.

6. Se tromper dans son choix coûte très cher: jusqu'à $70,000.00 pour un directeur de haut niveau; $30,000.00 pour un cadre moyen. On estime à ce prix le double temps d'adaptation réciproque du recruté et de son entourage, et celui de son remplaçant.

Ces différents points expliquent assez l'état de tension dans lequel se trouve le recruteur, et qui ne saurait surprendre.

Qui souhaite y échapper peut être compris, mais le processus est inévitable. Certains spécialistes estiment qu'un(e) président(e) responsable consacre 25 % de son temps à repérer et identifier les nouveaux talents dans son organisation, comme à l'extérieur.

Si ce(tte) président(e) échoue à se libérer complètement de cette charge, du moins peut-on comprendre qu'il(elle) appelle de ses vœux *un processus qui serait moins porteur d'angoisse.*

VOTRE APPORT: UN ENTRETIEN DÉTENDU

C'est à ce stade que vous intervenez.

Suivez la recommandation unanime de la minorité créative: créez une situation telle que la personne-qui-a-le-pouvoir-de-vous embaucher puisse mieux faire votre connaissance, sans sentir au-dessus de sa tête une épée de Damoclès.

Que vous vous soyez rencontrés(ées) au cours de la phase « information » de votre recherche d'emploi, ou que vous n'entriez en contact seulement lorsque vous vous êtes investi(e) de votre rôle de « solutionneur(se) de problèmes », le climat est moins tendu — il prend un côté « lèche-vitrine ». En permettant à votre embaucheur(se) potentiel(le) de vous étudier à loisir, vous créez un climat qui ne peut que vous être favorable.

A cet égard, faites preuve d'invention et de délicatesse dans votre approche, mais n'oubliez jamais ceci : vous devez aborder le problème qu'il(elle) doit résoudre *dans le sens où il (elle) le perçoit,* et avec la prudence qui s'impose ; particulièrement si vous avez le sentiment d'en distinguer certains aspects qui auraient pu lui échapper.

Il est primordial que, assis(e) face à lui (elle), vous mettiez en avant celles de vos qualités qui correspondent à ses préoccupation, pas aux vôtres. N'essayez pas de démontrer à quelqu'un vos talents de directeur artistique alors qu'il vous a précisé qu'il n'en cherchait pas. Très rapidement, vous n'allez plus l'intéresser.

CE PROCESSUS EST-IL INFAILLIBLE ?

Évidemment pas. Nous sommes dans le domaine de la recherche d'emploi, pas de la magie.

Nul ne saurait vous garantir que vous allez trouver la situation de vos rêves : travail idéal, salaire royal, cadre géographique rêvé... ; mais qui suit les conseils contenus dans ces trois derniers chapitres aboutira pratiquement sur tous les plans.

De toute manière, cette méthode est bien supérieure à la méthode traditionnelle. Elle devrait être enseignée à TOUS. Souvenez-vous que dans le Jeu des grands nombres, vous deviez envoyer 100 curriculum vitae pour obtenir 10 entretiens et recevoir 1 ou 2 offres d'embauche. Et encore, avec de la chance !

Si vous suivez les indications données dans ce livre, vous vivrez peut-être une expérience identique à celle que nous allons vous rapporter (et nous pourrions en citer bien d'autres !) : un monsieur repère 107 postes intéressants dans la zone géographique de son choix, il envoie 297 lettres et passe 126 coups de téléphone ; suivent 45 entretiens « détendus » et 35 offres de postes, dont une lui convenant en tous points.

ENTRETIENS, CURRICULUM VITAE, NÉGOCIATIONS SALARIALES

Alors que les livres traitant de la recherche d'un emploi mettent en avant ces trois rubriques, nous les avons pratiquement ignorées. Voici pourquoi :

1) tout d'abord, vous pouvez parfaitement trouver un emploi sans avoir appris à rédiger un curriculum vitae, à bien vous comporter, à négocier un salaire, si vous suivez, dans l'ordre et point par point, les conseils préconisés dans ces trois derniers chapitres ;

2) ensuite, ces techniques vous entraînent à parler avec des cadres de haut niveau, cela fortifie donc votre assurance, laquelle est la clé d'un entretien réussi ;

3) enfin, si vous consultez certains des ouvrages recommandés en annexe I, vous y découvrirez des informations et des enseignements concernant ces trois rubriques. Il serait ridicule de notre part de répéter ce qui est expliqué ailleurs avec une grande minutie.

Nous allons néanmoins répertorier ci-après des éléments qui vous permettront de contrôler votre degré de préparation à deux rubriques ci-dessus mentionnées.

CONTROLEZ VOTRE PRÉPARATION A L'ENTRETIEN

Lisez éventuellement les ouvrages spécialisés que pourrait avoir lus la personne que vous allez rencontrer et, de manière générale, tenez compte impérativement du fait que, comme tout être humain, votre interlocuteur(trice) a mille facettes, et que la seule chose que vous allez voir de façon sensible, c'est s'il(elle) se montre intéressé(e) par vous — ou pas. Si vous avez suivi nos conseils, vous devez en savoir plus a) sur lui (elle), b) sur les problèmes qu'il(elle) se pose, c) sur les questions qu'il(elle) brûle de vous poser — elles sont, généralement, déterminantes à ses yeux. En voici quelques-unes.

1. POURQUOI ÊTES-VOUS LÀ ? ET PAS AILLEURS ? Pour avoir suivi notre méthode, vous le savez.

2. QUE POUVEZ-VOUS FAIRE POUR MOI ? Évoquez ses problèmes, dans la mesure où vous les connaissez ou les avez devinés ; et, surtout, écoutez-le(la) avec la plus grande attention car ses propos peuvent être révélateurs, et il est capital que vous y réagissiez en faisant montre de vos capacités. Ayez réfléchi à cette question qui, à ce stade, ne manquera pas de surgir ; « Supposons que vous ayez ce poste, par quoi commenceriez-vous ? »

3. COMBIEN CELA VA-T-IL ME COUTER? Il (elle) en a probablement une idée (à l'intérieur d'une marge pouvant varier de 2 à 5,000 dollars par mois). Vous devez avoir la vôtre. Indiquez-la et ajoutez que l'aspect financier n'entre pas seul en ligne de compte.

Vous comprenez ici que, si vous êtes passé(e) sur certaines parties des chapitres V, VI et VII, vous allez vous trouver en position moins favorable.

Vous soignerez votre présentation physique dans les moindres détails pour paraître très professionnel. Ne pensez pas que ce soit stupide. Cela peut vous sembler idiot, mais c'est un jeu, où l'on peut gagner gros et d'où vous désirez sortir vainqueur.

Quelles que soient les questions de votre employeur éventuel sur vos activités antérieures, n'oubliez pas que c'est l'avenir qui l'intéresse au premier chef (« Quelles sont les raisons qui vous feraient me quitter? »)

Ne parlez jamais de vous en termes négatifs.

En guise de conclusion: n'acceptez, ou ne refusez jamais une situation sur le champ. Ne dites pas « Il faut que j'en parle à mon époux(se) », ce qui impliquerait que vous n'êtes pas un homme-/femme de décision. Dites simplement: « Pour une décision de cette importance, j'ai besoin de réfléchir. Je ne recherche pas un emploi, mais je veux faire une carrière. »

LA NÉGOCIATION SALARIALE

Une anecdote. Un jour, j'ai demandé à une jeune femme qui me parlait de son premier emploi ce qui l'avait le plus étonnée; elle m'a répondu: « Ma première paye. C'est absurde mais, quand j'ai été convoquée, il ne m'est pas venu à l'idée de parler salaire. J'étais convaincue qu'il correspondrait honnêtement aux fonctions que j'allais remplir. Quand j'en ai vu le montant, j'ai eu un choc tant il était ridicule; je n'en croyais pas mes yeux. Cela m'a bien servi de leçon!»

A nous aussi, cet exemple servira de leçon.

Au niveau le plus simple de la négociation, demandez le montant du salaire envisagé et faites savoir s'il vous convient ou non. Un désavantage: si vous ne vous êtes pas renseigné(e), ou n'y avez pas réfléchi, vous n'avez pas d'élément de comparaison avec le chiffre avancé.

Au niveau suivant, faites quelques recherches préalables. Les centres d'emploi ont établi des barèmes, n'hésitez pas à les consulter.

spécialistes en recrutement possèdent aussi des barèmes. Si vous en connaissez un, n'hésitez pas à lui en parler.

Les rémunérations salariales peuvent varier grandement d'une région à l'autre; certaines fonctions sont plus largement rétribuées selon que jouent divers facteurs, comme le taux d'industrialisation, le dynamisme, mais surtout la loi de l'offre et de la demande.

Si vous rencontrez quelque difficulté à préciser vos prétentions, n'oubliez pas que chaque profession, ou fonction, possède son association, qui se tient informée de la politique des rémunérations dans son secteur.

A un niveau un peu plus élevé, renseignez-vous avant l'entretien d'embauche sur le salaire proposé. Pour deux raisons. La première est que, s'il ne correspond pas à vos besoins, vous éviterez de perdre du temps. La seconde — elle est plus importante — est que si, comme il arrive fréquemment, il évolue à l'intérieur d'une certaine fourchette, vous serez mieux placé(e) pour négocier à la hausse qu'à la baisse.

Quels points de repère avez-vous pour « naviguer » dans cette fourchette? La règle veut que, en dehors de quelques exceptions, vous gagniez moins que la personne qui vous est hiérarchiquement supérieure, et plus que celle qui vient en dessous de vous. Cette règle est généralement respectée. Votre démarche est donc relativement simple.

Ainsi, vous apprenez que le poste immédiatement au-dessus de celui que vous briguez est payé tant, et celui au-dessous, tant : entre les deux chiffres se situe votre fourchette. Exemple :

Si la personne située immédiatement au-dessous de vous gagne :

    a) $1,200.00   b) $1,800.00   c) $2,400.00
et si la personne située immédiatement au-dessus de vous :
    a) $1,500.00   b) $2,300.00   c) $3,400.00
Votre fourchette se situera entre :
    a) $1,200.00 et $1,500.00
    b) $1,800.00 et $2,300.00
    c) $2,400.00 et $3,000.00

Mais comment avoir ces informations?

Adressez-vous à des relations qui connaissent des gens qui ont travaillé dans l'entreprise que vous visez, etc...; faites jouer votre réseau d'amis.

Si, pour une raison ou une autre, vous ne pouvez lever le voile sur les salaires dans ladite entreprise, tournez-vous du côté de sa concurrente la plus proche. Si la Banque Royale demeure impénétrable, regardez du côté de la Banque de Montréal. Vous serez étonné(e) de voir à quel point la persévérance et la marche à pied peuvent être payantes!

Au cas où votre dynamisme déclinerait en cours de route, réfléchissez à ceci: vous êtes installé(e) dans un bureau face à votre employeur éventuel. Vous vous convenez réciproquement. Puis vient la question fatidique. Ils (elles) adorent mettre la balle dans votre camp: « Combien voulez-vous gagner? » Dans la mesure où vous vous êtes informé(e), vous donnerez un chiffre approchant le haut de la fourchette — vous tenez pour certain que vous remplirez au mieux vos fonctions.

Imaginez que vous n'ayez pas fait ce travail d'enquête préliminaire, vous en serez réduit(e) à livrer un combat de boxe dans le noir. Si vous lancez un chiffre trop élevé, vous vous mettez hors de course et, la plupart du temps, n'aurez guère de possibilité de faire marche arrière. Si, au contraire, votre estimation est trop basse, le résultat sera le même: « Nous regrettons mais nous recherchons quelqu'un qui soit... plus professionnel ». Enfin, vous êtes bien dans la fourchette, mais dans le bas, le poste est à vous mais vous avez perdu sottement $2,000.00 par an!

Peu importe le temps que vous aurez consacré à ces recherches, c'est du temps bien payé. Elles vous auront permis de demander peut-être $2,000.00 de plus que ce que vous auriez brigué sans elles. 10 jours de travail qui, sur trois ans, vous auront rapporté $ 6,000.00.

Au niveau le plus élevé. Vous n'êtes pas nombreux à vouloir vous y lancer, mais si vous souhaitez l'envisager, ou si vous êtes simplement, curieux, en voici l'essentiel.

Vous suivez les indications précédemment données et vous connaissez donc la fourchette à l'intérieur de laquelle vous allez devoir négocier. Elle est de l'ordre de $2,000.00.

A partir de ce chiffre, vous inventez une nouvelle fourchette qui se présente ainsi:

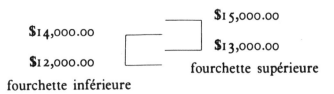

$14,000.00

$12,000.00

fourchette inférieure

$15,000.00

$13,000.00

fourchette supérieure

Lorsque sera abordé le problème de votre salaire, vous déclare-rez : « J'estime que je vaux entre $13,000.00 et $15,000.00 ». Vous vous placez au minimum supérieur de la fourchette, ce que votre interlocuteur(trice) relèvera comme un défi; il avancera un chiffre supérieur à $13,000.00 soit pratiquement au sommet de la fourchette inférieure. Sinon dans l'immédiat au moins au terme d'un certain laps de temps.

Les à-côtés. Dans toutes vos recherches et ultimes négocia-tions, n'oubliez jamais les fameux « bénéfices marginaux ». Récemment, une étude a confirmé que ces bénéfices dits « margi-naux » tels que: assurance-vie, assurance-maladie, congés de maladie accumulables, plans de vacances, plans de retraite, peuvent valoir jusqu'à 25 % du salaire. Si un employé reçoit $800.00 par mois, ses bénéfices marginaux valent $ 200.00 de plus. Donc, si le poste immédiatement en-dessous de vous est rémunéré à $ 700.00 par mois plus bénéfices et celui au-dessus de vous à $1,100.00 plus bénéfices et que l'on vous offre $800 *sans bénéfices*, il vous faudra négocier à plus de $ 1,000.00 pour récu-pérer le manque de bénéfices.

Pour en terminer : les augmentations

Lors de votre embauche, ne vous contentez pas de discuter de votre salaire de départ; abordez la question de vos augmentations futures. «Quand, et dans quel cas, puis-je m'attendre à être augmenté(e)?» Il est sage de faire coucher ces promesses qui vous seront faites par écrit. La route de l'enfer est pavée de promesses verbales que les employeurs s'empressent d'oublier dès que vous avez été engagé. Par ailleurs, vos employeurs peuvent quitter l'entreprise, ou être promus, et leurs successeurs ne pas se sentir engagés. Autre moyen de formaliser les promesses : à la suite de l'entretien écrivez à votre recruteur pour le remercier de son attention et... confirmer que vous avez pris bonne note des diffé-rents points abordés.

LES PROMOTIONS

Souhaitons que ce mot de *promotion* ne sonne pas désagréable-ment à vos oreilles. Il signifie des responsabilités accrues, des possibilités plus larges de vous rendre utile.

N'oublions pas non plus que le taux d'inflation a été de 10 à 15 % par an. Si ce phénomène persiste, alors que vous gagniez $1,200.00 par mois il y a trois ans, il vous faudrait recevoir aujourd'hui $1,700.00 pour maintenir votre pouvoir d'achat.

Vous constatez donc que ces augmentations salariales sont *nécessaires* pour rester en équilibre. Ne pas en bénéficier équivaut à régresser en termes de pouvoir d'achat, pour vous et les vôtres.

Et cet argument ne tient pas compte de ce qu'elles représentent en influence, en pouvoir et en indépendance.

Donc, si vous n'évoquez pas les promotions dès votre engagement, cette imprudence risque de vous coûter très cher.

Quand donc vous serez assuré d'être embauché, et alors seulement, faites-vous faire une lettre, un contrat d'engagement. De grâce !

POUR CEUX QUI AIMENT TOUT PRÉVOIR

Si vous éprouvez quelque réticence à mettre tous vos œufs dans le même panier en faisant porter vos efforts exclusivement sur la méthode préconisée dans les chapitres 5, 6 et 7 ; si vous estimez ne pas devoir négliger les petites annonces, les agences, etc..., faites attention à ceci : 14 % à 24 % seulement des postes sont pourvus par les petites annonces et les cabinets de recrutement. Ne leur consacrez donc pas plus de 20 % de votre temps.

Sachez que les chasseurs d'emploi commencent à connaître et à utiliser le processus développé dans ces pages, et s'en trouvent largement récompensés. Pensez-y quand vous mettrez au point votre stratégie.

Vous disposez maintenant d'un énorme avantage sur la masse des demandeurs d'emploi, ce qui compte en ces temps de grande compétitivité : vous savez comment vous faire embaucher.

La vérité est que

Celui ou celle qui est embauché
n'est pas nécessairement celui ou
celle qui est le plus qualifié ;
mais celui, ou celle, qui *en sait
le plus sur la façon de se faire
embaucher.*

Appendice

LE GUIDE DE LA RECHERCHE RAPIDE D'EMPLOI

Une aide efficace

pour l'étudiant hésitant,
pour la mère de famille qui reprend un emploi,
pour qui change d'emploi
pour qui vient d'être licencié,
ou tous ceux ou celles qui rencontrent des obstacles
dans leur campagne pour la recherche d'un emploi.

INTRODUCTION:

Ce qu'il vous faut savoir
avant de partir
en campagne
de recherche
d'emploi.

Vous devez savoir qu'il existe essentiellement deux méthodes de recherche d'emploi.

La première, «traditionnelle», est connue de tous: petites annonces, centres d'emploi, agences de recrutement, curriculum vitae, etc. Elle sera fructueuse pour certains. Vous voulez savoir dans quelles proportions? Aux États-Unis une enquête menée par le Bureau du Recensement a révélé que pour 100 personnes qui utilisent:

a) les annonces classées: 24 trouvent un emploi et 76 échouent;

b) les services de placement officiels: 14 trouvent un emploi de cette façon et 86 échouent;

c) les agences de recrutement: 24 trouvent une situation, 76 échouent;

d) les services de placement des collèges et universités: 22 trouvent un emploi et 78 échouent;

e) les amis, les connaissances, les relations: 22 aussi trouvent un emploi et 78 échouent.

L'analyse des résultats des candidatures spontanées classiques (lettres + CV) n'est pas plus rose[1]. On découvre que les sociétés proposent une situation pour 1 470 curriculum vitae reçus en moyenne, ce qui signifie que 1 469 sur 1 470 curriculum vitae envoyés ne servent à rien.

Heureusement, il existe une seconde méthode de recherche d'emploi qu'il vous faut impérativement connaître, au cas où la première ne fonctionnerait pas pour vous. Nombre de demandeurs d'emploi choisissent d'ailleurs de l'expérimenter avant toute autre, et son taux de réussite est le suivant: sur une période de treize années, une moyenne de 86 personnes sur 100 l'ayant scrupuleusement appliquée ont trouvé un emploi[2].

Elle implique de nombreux exercices à exécuter avant de se

1. Résumé dans «Tea Leaves: A New Look at Résumés» Ten Speed Press, Box 7123, Berkeley, Calif. 94707. Traduit en français sous le titre «Marc de café, Un nouveau regard sur les curriculum vitae».

2. Ces statistiques ont été compilées dans John C. Crystal, auteur de «Where Do I Go from Here with My Life?» Ten Speed Press. Traduit en français sous le titre «Que faire de ma vie?».

mettre à battre le pavé, lesquels répondent aux trois étapes de votre parcours symbolisées par une charrette, un cheval et une route.

a) *La charrette*
Grâce à elle, vous identifierez vos talents/dons/qualités. *Ceux que vous possédez et dont vous aimez vous servir.* Ils sont les pierres angulaires des emplois. Si jeune que vous soyez, que vous ayez eu des activités professionnelles ou pas, vous en avez acquis un bon nombre. Mais il vous faut les connaître et — ce qui compte davantage — savoir quels sont ceux qui vous donnent la plus grande satisfaction.

b) *Le cheval*
Grâce à lui, vous définirez *dans quel cadre et où vous voulez exercer vos talents/dons/qualités.*

Une image: ils sont comme dans une charrette qui, au milieu d'une route, attendrait d'être attelée. Vous devez les accrocher aux postes dans lesquels vous les utiliserez au mieux de votre satisfaction.

Vous seul(e) pouvez dire dans quel cadre vous souhaitez les exploiter. Prenons un exemple: vous aimez la soudure, mais voulez-vous souder des axes de roue ou des enveloppes de bombes nucléaires?

c) *La route*
Vous allez apprendre à définir:
le type d'emploi que vous souhaitez,
le type d'organisation qui offre ce type d'emploi dans la zone géographique de votre choix, et
les moyens de s'y faire embaucher.

Nous avons choisi la route comme symbole de cette troisième partie car, si vous n'êtes pas parvenu(e) à avoir une idée claire des trois points que nous venons d'énumérer, c'est exactement comme si la charrette et son cheval étaient abandonnés au beau milieu la route.

Ce guide de la recherche rapide d'emploi est destiné à vous aider à mener à bien les trois étapes qui jalonneront votre campagne selon cette seconde méthode qui, rappelons-le, réussit pour une moyenne de 86 personnes sur 100. Combien de temps durera ce processus? C'est difficile à dire.

Ensuite, il faudra rencontrer des gens. Certaines personnes ont trouvé un emploi en 8 jours. Il a fallu à d'autres des mois, parfois près d'un an. Une certitude: consciencieusement appliqué, ce guide réduira considérablement votre temps de recherche (ou de reconversion). Et, si votre recherche n'aboutit pas rapidement, au moins sera-t-elle plus rapide qu'elle l'aurait été autrement.

QUELS TALENTS
PRÉFÉREZ-VOUS UTILISER?

En général, les talents peuvent se ranger dans 6 familles. Pour savoir quels sont ceux qui vous attirent, essayez ce petit exercice.

Voici la vue aérienne d'une pièce dans laquelle une réunion va se dérouler pendant 2 jours. Durant cette réunion, des personnes ayant des centres d'intérêt communs sont rassemblées dans chacun des 6 coins de la pièce:

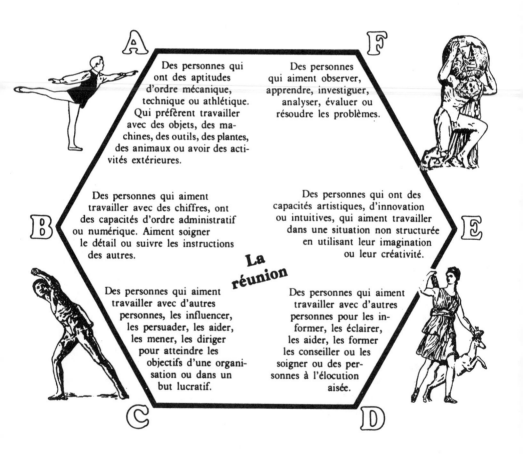

A — Des personnes qui ont des aptitudes d'ordre mécanique, technique ou athlétique. Qui préfèrent travailler avec des objets, des machines, des outils, des plantes, des animaux ou avoir des activités extérieures.

F — Des personnes qui aiment observer, apprendre, investiguer, analyser, évaluer ou résoudre les problèmes.

B — Des personnes qui aiment travailler avec des chiffres, ont des capacités d'ordre administratif ou numérique. Aiment soigner le détail ou suivre les instructions des autres.

E — Des personnes qui ont des capacités artistiques, d'innovation ou intuitives, qui aiment travailler dans une situation non structurée en utilisant leur imagination ou leur créativité.

La réunion

C — Des personnes qui aiment travailler avec d'autres personnes, les influencer, les persuader, les aider, les mener, les diriger pour atteindre les objectifs d'une organisation ou dans un but lucratif.

D — Des personnes qui aiment travailler avec d'autres personnes pour les informer, les éclairer, les aider, les former les conseiller ou les soigner ou des personnes à l'élocution aisée.

Vers quel coin de la pièce êtes-
vous instinctivement attiré,
c'est-à-dire avec quel groupe
de personnes désirez-vous
passer le plus de temps? (Laissez de côté toute question de
timidité). Notez ici la lettre du
coin que vous avez choisi.

Après 15 minutes, tout le
groupe de votre coin quitte la
réunion. Vous restez seul.
Parmi les 5 groupes qui
restent, vers quel groupe vous
dirigez-vous, c'est-à-dire avec
quel groupe pensez-vous avoir
le plus de plaisir le plus longtemps? Notez ici la lettre du
coin que vous avez choisi.

Après 15 autres minutes, ce
groupe quitte la réunion et
vous laisse seul. De tous les
coins qui restent, quel est celui
où vous aimeriez passer le plus
de temps? Notez ici la lettre du
coin que vous avez choisi.

Maintenant, soulignez les talents que vous préférez dans chacun
des coins que vous avez choisis.

CREUSER DAVANTAGE

Maintenant, il vous faut avoir une idée PLUS PRÉCISE de vos talents. Ils peuvent être identifiés à partir de vos expériences ou activités PASSÉES. Parmi celles-ci vous allez en retenir SEPT.

Prenez :

SEPT FEUILLES DE PAPIER

de n'importe quel format, quadrillées ou lignées.

Le choix de ce que vous allez inscrire sur chacune d'elles vous appartient, mais voici trois manières de procéder :

1. Décrivez SEPT réalisations ou réussites obtenues à différents moments de votre vie. Elles peuvent concerner vos loisirs, vos études ou votre travail, mais vous devez en avoir été l'*agent actif* (un acteur) et non un spectateur passif. Par exemple, avoir reçu un prix ne signifie rien ; en revanche, ce que vous avez fait pour le gagner est important. Rapportez donc une de vos réalisations sur chaque feuille de papier, et donnez-lui un titre court.

2. Les termes « réussite » ou « réalisation » ne vous conviennent pas (« J'ai réussi quoi ? Quoi ? Ma petite personne »). Vous avez une autre solution : repérez sept emplois, à temps partiel ou à plein temps, bénévoles ou rémunérés, que vous aurez tenus ; décrivez-en un sur chacune de vos sept feuilles de papier mais n'omettez pas de choisir ceux qui vous auront apporté les plus grandes satisfactions. Donnez-leur un titre court.

3. Vous n'avez pas encore tenu sept emplois/missions, ou, au contraire, votre expérience est beaucoup plus large mais aucune des fonctions que vous avez remplies jusqu'à présent ne vous a intéressé(e) ; décrivez alors sept *rôles* que vous jouez ou avez joués. Prenons un exemple : votre expérience « professionnelle » est celle de mère de famille ; vous pouvez considérer avoir occupé les rôles de : épouse, mère, cuisinière, maîtresse de maison, citoyenne, aide bénévole, étudiante, etc... Décrivez chacun d'eux sur une feuille de papier. Donnez-leur un titre bref.

PARLEZ, PARLEZ, PARLEZ

Reprenez, maintenant, chacune de vos sept feuilles et relisez-les en vous ASSURANT bien avoir porté assez de détails pour vous faire une idée claire de ce que vous avez effectivement accompli.

A quel niveau de détails ? Voici un exemple QUI NE CONVIENT PAS : « À l'Halloween, j'ai gagné un prix en me déguisant en cheval ». En revanche,

VOILÀ UN EXEMPLE QUI CONVIENT

HALLOWEEN

L'Halloween de mes sept ans. Détails : j'avais sept ans et j'ai décidé de me déguiser en cheval. Je voulais en être le devant et j'ai convaincu un de mes camarades de faire le postérieur ; mais, à la dernière minute, il m'a laissé tomber et je me suis vu ne pas pouvoir aller à cette fête costumée. J'ai alors décidé de faire le cheval à moi tout seul. J'ai pris un panier en osier et j'ai attaché une ficelle à chacune de ses deux anses pour le fixer sur mes fesses ; puis, j'ai accroché une grosse corde au fond, qui le ferait bouger en tirant dessus. J'ai gagné un prix et je me suis aussi beaucoup amusé.

FAITES UN EFFORT DE MÉMOIRE

Quand vous aurez décrit en détail vos SEPT réalisations/missions/activités, etc. et aurez donné un titre à chacune, portez ces titres en haut de l'INVENTAIRE DES TALENTS. Puis, relisez chacune des sept feuilles à plusieurs reprises pour être certain(e) que leur contenu est bien clair dans votre esprit. Le titre seul doit vous évoquer la totalité du récit.

UN PAR UN

NOMBRE de personnes trouvent plus facile de ne pas rapporter ces sept histoires en même temps, mais de les écrire successivement, d'en exploiter totalement une avant de passer à la suivante. Quand elle est couchée sur l'INVENTAIRE DES TALENTS, alors seulement elles en commencent une autre. Elles prétendent avoir, ainsi, une idée plus claire de celles qu'elles doivent choisir et de la manière de les présenter.

VOS TALENTS
(APTITUDES FONCTIONNELLES ET TRANSFÉRABLES)

Prendre successivement chacune des 7 expériences retenues.
Prendre l'expérience N° 1 en premier.

En la réalisant, avez-vous utilisé un des talents qui figurent dans la case A^1 ci-dessous?

Si la réponse est « oui » :
— colorier la case dans la colonne 1
— soulignez le(les) talent(s) que vous avez utilisé(s).

Si la réponse est « non », passez à la case suivante et ainsi de suite.

Répétez cela avec l'expérience n° 2, puis n° 3...

Exemple : Halloween

| 1 | 2 | 3 | 4 | 5 | 6 | 7 |

Idées qui me viennent à l'esprit quand je pense à ces talents

A^1

Activités manuelles

Je le peux, car je l'ai déjà fait

	Exemple	1	2	3	4	5	6	7	Expériences supplémentaires
Dessin — Moulure — Forme développement — Composition.									
Préparation — Élucidation — Construction — Assemblage — Montage — Installation — Pose.									
Lever — Pousser — Tirer — Équilibrer — Porter — Décharger — Bouger — Expédier — Distribuer — Ramasser — Rassembler.									
Tenir — Toucher — Sentir — Sens aigu du toucher — Sensations dextérité — Dextérité manuelle — Manipulation — Tisser — Tricoter — Travaux manuels — Confection de modèles.									
Travail de précision — Perforer — Forer — Dextérité ou vitesse d'exécution.									
Lavage — Cuisine — Dons culinaires.									
Nourrir — Prendre soin de.									
Contrôler/opérer — Exploser/broyer — Forger — Couper — Remplir — Appliquer — Presser — Relier — Projeter.									
Instruments de travail — Machines — Engins — Véhicules — Équipement — Conduire — Aiguiller.									
Ajuster — Adapter — Accorder — Régler — Entretenir — Réparer — Préparer — Inventions mécaniques — Dépanneur.									
Fabriquer — Produire.									
Autres dons et aptitudes de la même famille non recensés ci-dessus.									

	Activités manuelles	Exemple	1	2	3	4	5	6	7	Expériences supplémentaires
Je l'ai fait avec	Outils (de quelles sortes).									
	Travail = Assistance — Aide — (Quelles sortes).									
	Arbres/pierres/métaux/outils:									
	Machine/équipement/véhicules.									
	Traitement de matériaux (lesquels).	░								
	Produits réalisés (lesquels).									
	Autre:									
A²	Coordination et agilité motrice, physique Marcher/grimper/courir.	░								
Athlétisme Activités extérieures Voyage	Dons pour les sports en général: pour tels jeux, compétitions.									
	Nager — Skier — Se divertir — Jouer — Faire des randonnées — Camper — Excursionner — Inventer — Organiser — Planifier des activités de plein air — Voyager.									
Je le peux car je l'ai déjà fait	Tirer des échantillons géologiques de la terre — Intérêts pour la mer, la navigation.									
	Dons pour l'horticulture, pour faire pousser ou soigner des plantes ou s'occuper du paysage et du sol.									
	Culture — Élevage — Dressage.									
	Autres dons et aptitudes se rattachant à cette feuille, non énumérés ci-dessus:									

B¹

Art du détail
Suivi

Je le peux car je l'ai déjà fait

	Exemple	1	2	3	4	5	6	7	Expériences supplémentaires
Se conformer à — Exécuter — Aptitudes à se conformer aux instructions données — Exécution des décisions — Faire respecter les règlements — Diriger la production etc...	▓								
Réalisations dans le cadre des limites, tolérance ou standard imposés — Atteindre des objectifs dans un temps donné et dans le cadre d'un budget imposé.									
Expédier — Dispatcher — Capable de mener de front une grande variété de tâches et de les conduire à bien dans les délais — Capable de travailler sans tension et en improvisant — Faire face aux urgences.	▓								
Expert financier — Courtier — Savoir prendre et utiliser des contacts — Bon pour trouver des matériaux, collecter, acheter, compiler...									
Valider une information — Savoir garder une information confidentielle.									
Hommes ou femmes du détail — Montrant une attention particulière aux détails et les dépistant — Grande tolérance à la répétition et à la monotonie — Mémoire des règles et procédures.	▓								
Faire un bilan.									
Savoir traiter les données, les informations — Les expliciter — Les ordonner — Les comparer — Les classer — Enregistrer.									
Faciliter la découverte des choses pour les autres — Savoir classer, enregistrer avec méthode.									
Écritures et classements numériques à organiser en fonction d'un plan.									

Art du détail/Suivi	Exemple	1	2	3	4	5	6	7	Expériences supplémentaires
Classification d'aptitudes de matériaux — Classer — Recouvrer des données.									
Aptitudes pour les travaux d'écriture, dactylographie — Travailler à partir de données sur des machines — Copier — Reproduire des matériaux.									
Autres activités de cette famille non mentionnées ici.									
Aptitude pour les chiffres — Mémoire numérique et pour statistiques.									
Compter — Inventorier — Calculer — Compulser — Manipulation rapide des nombres — Performances en calcul mental ou écrit.									
Planning financier et management — Mémoire financière — Compétence en comptabilité.									
Expertises — Recherche économique et analyse — Estimations, projections et comparaisons — Analyse: financière et fiscale/Planning — Programmes.									
Planning budgétaire — Préparation — Analyse, justification — Administration — Critiques.									
Dons — Aptitudes: pour distribuer les sources financières.									
Tenue de livres de comptes — Apurations — Contrôle et réduction des coûts fiscaux — Rapports financiers.									
Utiliser les nombres comme un outil — Dons et aptitudes pour les maths sophistiquées — Les problèmes statistiques.									
Autres points de la même famille non recensés ci-dessus.									

B²

*Finances
Comptabilité
Gestion
Chiffres*

*Je le peux
car je l'ai
déjà fait*

C¹

Influence Persuasion

	Exemple	1	2	3	4	5	6	7	Expériences supplémentaires
Je le peux car je l'ai déjà fait									
Développe des rapports de confiance — Inspire la confiance — Encourage les gens.									
Aide les gens à identifier leur intelligence et intérêts propres.									
Persuade — Doué pour développer une pensée, débattre, influencer les attitudes ou idées des autres.									
Lance des idées — Vend des idées ou des produits — Développe des objectifs — Trouve des marchés pour des idées ou produits — Trouve des fonds ou des provisions.									
Leadership ou recruteurs de talents — Doués, compétents, créatifs — Motive les autres — Mobilise — Stimule.									
Stimule des groupes à travailler ensemble — Se fait des amis facilement même de groupes opposés — Adepte du pouvoir conflictuel.									
Joue un rôle d'arbitre, de médiateur entre les groupes adversaires — Négocie, intervient pour résoudre les crises, réconcilier.									
Négocie, obtient des accords sur contrats déjà signés.									
Manipule, pour arriver à des arrangements financiers.									
Autres dons et aptitudes de la même famille non nommés.									
Je l'ai fait avec									
Opinions.									
Attitudes.									
Jugements, décisions.									
Produits.									
Argent.									
Autres:									

C² Présentation

	Exemple	1	2	3	4	5	6	7	Expériences supplémentaires
Présenter à un groupe — Sensible aux humeurs et idées des audiences — Accomplir des performances.									
Démontre, produit — Mannequin — Présentation artistique (visuelle).	░								
Monter des spectacles — Fort sens théatral.	░								
S'adresse à des grands ou petits groupes — Aptitudes pour parler, articuler — Pour les présentations orales — Les conférences, les lectures de poèmes — Stimule l'enthousiasme.									
Joue de la musique — Présentation musicale — Chante — Danse.									
Fait rire les gens — A le sens de l'humour et du ridicule.									
Joue — A la radio — T.V. — Films.									
Présente les sports publics.									
Dirige et organise des cérémonies publiques et d'affaires — Conduit des groupes musicaux.									
Autres dons de la même famille.									

Je le peux car je l'ai déjà fait

C³ Conduite des hommes

	Exemple	1	2	3	4	5	6	7	Expériences supplémentaires
A de l'initiative — Se débrouille dans des situations totalement neuves — Prend l'initiative de relations — Rentre facilement — A le don de communiquer avec les étrangers.									
A l'initiative de pousser en avant — Cherche sans cesse plus de responsabilités — Persévère dans l'acquisition des choses.									
Sait organiser son temps — Se diriger lui-même.									

Je le peux car je l'ai déjà fait

	Exemple	1	2	3	4	5	6	7	Expériences supplémentaires
N'accepte pas passivement les choses telles qu'elles sont, perçoit avec acuité ce qu'elles pourraient être — Promeut et apporte le changement — Voit et saisit les opportunités.									
Voit un problème et agit immédiatement pour le résoudre — Résout les situations critiques — Est actif dans les urgences — Confronte les autres à leurs difficultés personnelles.									
Montre du courage — N'a pas peur de prendre des risques — Des décisions dures — Met fin aux projets, processus, si nécessaire.									
Conduit les autres — Inspire, motive, guide les groupes organisés — Impressionne par son enthousiasme et magnétisme personnel — Élève aux postes les plus hauts — Doué pour présider des meetings.									
Doué pour le commandement, la perception des relations humaines et leurs techniques.									
Autres dons de la même famille non nommés ici.									

Je le peux car je l'ai déjà fait

C4

		Exemple	1	2	3	4	5	6	7	Expériences supplémentaires
Mise au point — Planification	Planning et développement à partir des expériences passées — Approche systématique du milieu et du but.									
	Sait établir des priorités entre les exigences présentes en compétition — Établit des critères ou des standards — Formulations ou interprétations politiques — Savoir-faire politique.									
Organisation — Exécution	Programmes de développement — Plannifie et mène à bien des meetings, séminaires ou des ateliers.									
Supervision — Gestion	Organise (développement, analyse) planifie et construit — Aime organiser et planifier.									

Mise au point/Planification/Organisation Exécution/Supervision/Gestion		Exemple	1	2	3	4	5	6	7	Expériences supplémentaires
Je le peux car je l'ai déjà fait	Organiser les autres — Amener les gens à conjuguer leurs efforts — Sait choisir ses ressources — Capable de faire appeler d'autres experts si nécessaire — Construit une équipe — Reconnaît et utilise les dons et les aptitudes des autres — Délègue.									
	Programme — Assigne — Veille à ce que tout le travail programmé soit fait en temps voulu — Coordonne les opérations (arrange), installe.									
	Dirige les autres — Prend des décisions à leur sujet — Supervise leur travail et administre.									
	Dirige/est responsable du rendement des autres — utilise toutes les techniques du management.									
	Produit, mène à bien, parvient à.									
	Maintient, chasse les ennuis conseille.									
	Critique — Trouve les solutions aux problèmes de communication.									
Je l'ai fait avec	Individus.									
	Groupes.									
	Organismes.									
	Des systèmes de gestion.									
	Procédure de bureau.									
	Réunions.									
	Des programmations de projets.									
	Séminaires.									
	Autres.									

D¹

Langage
Lecture
Rédaction
Expression
Communication

Je le peux car je l'ai déjà fait

Langage/Lecture/Rédaction Expression/Communication	Exemple	1	2	3	4	5	6	7	Expériences supplémentaires
Lecture — Amour de la lecture rapide — Amour des choses imprimées.									
Composer — Lecture d'épreuves — Éditer — Publier.									
Composer.									
Communiquer effectivement — Très bonne expression verbale claire — Exposer un point de vue — Exprimer une prise de position — Encourager la communication.									
Définir — Expliquer des concepts — Interpréter — Attitude pour expliquer des concepts — Idées ou problèmes.									
Traduire — Dons pour les langues étrangères — Études linguistiques, enseignement de langues — Adaptation du registre de langue.									
Résumer — Écrire de façon très explicite et concise — Retenir les minutes les plus importantes d'un meeting.									
Dons importants pour l'écriture — Faculté à décrire les gens, des scènes de telle façon que les autres les visualisent — Écrire avec humour, drôlerie, et dons.									
Dons pour le reportage écrit — Pour écrire des discours.									
Écrire de façon provocante — Faculté pour rédiger des annonces et des programmes publicitaires.									
Autres dons de la même famille.									

	Langage/Lecture/Rédaction Expression/Communication	Exemple	1	2	3	4	5	6	7	Expériences supplémentaires
Je l'ai fait avec	Idées.									
	Sentiments.									
	Faits.									
	Articles.									
	Reportages (dépêches).									
	Brochures (catalogues) journaux.									
	Livres.									
	Autres:									
D²	S'être prouvé qu'on aime acquérir des connaissances et qu'on conçoit la vie comme un long apprentissage.									
Instruction Interprétation Conseil Éducation	Résumer — Informer — Éclairer — Expliquer — Instruire — Apprendre — Enseigner.									
	Dons importants pour l'enseignement — Faire une lecture stimulante de l'environnement — Créer une atmosphère d'acceptation — Avoir de la patience — Trouver des illustrations aux idées ou principes — Animer le sujet — Enthousiasme communicatif.									
Je le peux car je l'ai déjà fait	Conduire — Aider les gens à prendre des décisions — Donner des conseils, des éclaircissements.									
	Encourager.									
	Adepte du dialogue — Communiquer effectivement avec les autres — Entendre et répondre aux questions de façon compréhensible — Accepter les points de vue différents — Aider à exprimer sa vision — Consulter.									

Je l'ai fait avec

	Exemple	1	2	3	4	5	6	7	Expériences supplémentaires
Aider au développement de la personnalité — Aider à la découverte de soi-même — A développer ses propres idées — Clarifier les buts et valeurs des autres — Conseiller — Montrer comment exploiter les ressources.									
Aide aux groupes — Meneurs de groupes — Dynamique de groupe — Modification des comportements.									
Prise de pouvoir — Entraînement et développement — Organisation et administration de programme d'entraînement.									
Autres dons non recensés.									
Informations.									
Idées/Généralisations.									
Valeurs/normes.									
Buts/décisions.									
Autres:									
Bonnes relations avec le public.									
D³ **Service Assistance Relations humaines** Rendre des services — Relations avec les clients — Servir les clients — S'adapter.									
Rendre des services — Aider et servir.									
Sensibilité aux autres — Intense curiosité pour les autres — Qui sont-ils — Que font-ils? — Quels sont leurs goûts?									
Écouter attentivement et à bon escient — Bon entraînement à l'écoute — Communiquer avec chaleur aux gens — Montrer de la compréhension — Patience, honnêteté.									

Service/Assistance Relations humaines	Exemple	1	2	3	4	5	6	7	Expériences supplémentaires
Compétences exceptionnelles et interpersonnelles dans leurs relations humaines — Aptitudes à se mettre à la place des autres — Comprendre instinctivement ce que ressent l'autre — Compréhension, tact, discrétion — Rapports aisés avec toutes sortes de gens.									
Soigner des enfants — Des handicapés — Les surveiller — Les aimer — Les guider.									
Administrer, gérer un foyer — Rôle d'hôte — Créer une atmosphère confortable, naturelle, plaisante, chaude — Comprendre les besoins des gens, les prévenir.									
Travailler en équipe — Faire que ce soit plaisant pour les autres — Traiter les autres en égaux.									
Accepter les gens avec leur système de valeurs.									
Être capable d'ignorer des qualités indésirables chez les autres — Montrer patience et sympathie avec les gens difficiles — Manier des gens difficiles sans ressentir de stress — Bien travailler dans un environnement hostile.									
Personnel de soins médicaux — Aptitudes thérapeutiques — Soigner — Redonner aux gens l'estime d'eux-même — Comprendre le jeu des relations familiales et leurs problèmes — Aider les gens en prenant en compte toute leur vie.									
Aptitudes pour représenter les autres — Expert en rôle de liaison — Médiateur.									
Autres dons non recensés.									

Service/Assistance Relations humaines	Exemple	1	2	3	4	5	6	7	Expériences supplémentaires
Je le peux car je l'ai déjà fait									
Enfants.									
Les jeunes.									
Adolescents.									
Adultes.									
Personnes âgées.									
Groupes de tous âges.									
Autres :									

E¹

Intuition Innovation

Imaginer — Posséder une grande inspiration et le courage de l'utiliser.

Idée phare — Concevoir, développer des idées sans cesse — Aptitude conceptuelle de 1er ordre — Inventer — Aptitude à improviser sous l'inspiration du moment.

Innover de façon créative perceptive et effective — Vouloir expérimenter avec des approches nouvelles, avec des idées, procédures, programmes. Montrer une originalité continuelle — Aimer exercer sa matière grise.

	Intuition/Innovation	Exemple	1	2	3	4	5	6	7	Expériences supplémentaires
Je le peux car je l'ai déjà fait	Faire une synthèse des perceptions — Comprendre les relations au-delà des apparences — Intégrer les éléments divers en un tout cohérent — Aptitudes pour exposer les idées abstraites — Arbitrer, juger, montrer un bon jugement.									
	Désirer des choses — Des idées des autres — Adapter — Réfléchir — Dans une situation concrète saisir la base théorique — Développer des modèles — Développer/Formuler des idées nouvelles — Des programmes.									
	Développer des idées avec des possibilités commerciales — Appliquer à la théorie — Recherche — Créer des produits — Entreprendre.									
	Perception des formes — Modèles et structures — Visualiser des formes — Dessiner et lire des dessins — Lecture de plans.									
	Mémoire spatiale — Désign — Être capable de noter rapidement tout ce qu'il y a dans une pièce — Se le rappeler — Mémoire des visages.									
	Montrer de la prévoyance — Intuitivement regrouper ce qui sera nécessaire avant que le besoin se fasse sentir.									
	Percevoir de façon intuitive — Discrimination des couleurs.									
	Autres dons non recensés.									

E²

Domaine artistique

Je le peux car je l'ai déjà fait

	Exemple	1	2	3	4	5	6	7	Expériences supplémentaires
Montrer une forte sensibilité et avoir besoin de la beauté — Aimer les couleurs — Excellent goût.									
Être expressif — Traduire des sentiments avec son visage ou son corps — Utiliser le ton et le rythme de la voix comme instrument de communication — Pouvoir reproduire des sons — Maîtriser toutes les formes de communication.									
Bon sens de l'humour.									
Imagination créatrice — Bien travailler dans un environnement libre, non structuré, non supervisé — Apporter une vie nouvelle aux formes traditionnelles.									
Valeurs du symbolisme — Visualiser des concepts — Créer des poésies ou des images poétiques — Utiliser des aides audio-visuelles — Photographier.									
Talent pour le dessin, illustration — L'esquisse, le dessin mécanique.									
Formes, modèles, avec utilisation du bois ou autres matériaux — Style — Décoration.									
Écrire — Lire des pièces — Assister ou diriger une mise en scène, des productions théâtrales.									
Connaissances et goûts pour la musique — Sens du rythme hors du commun — Mémoire tonale — Composition.									
Autres dons non recensés.									

	Domaine artistique	Exemple	1	2	3	4	5	6	7	Expériences supplémentaires
Je l'ai fait avec	Couleurs.									
	Espaces.									
	Formes, visages, silhouettes.									
	Cadeaux faits à la main.									
	Arts, dessins, peintures.									
	Mode, joaillerie, habillement, fourrure.									
	Musique.									
	Autres :									
F¹ *Observation Apprentissage*	Observer les gens — Les données les choses — Perception aiguë de l'environnement.									
	Lecture — Adepte du radar ou autre système d'observation sophistiqué — Estimer.									
	Écouter, entendre très bien, sens de l'odorat et du goût développé.									
Je le peux car je l'ai déjà fait	Percevoir — Détecter — Découvrir — Personne à la curiosité sans cesse en éveil — Se prend comme terrain d'expérimentation — Apprend rapidement — Et des exemples des autres.									
	Apprécie — Évalue les besoins des gens de façon réaliste, leur humeur — Saisit et comprend immédiatement les réalités politiques.									
	Observe des comportements humains — Étudie ceux des autres personnes — Perçoit et identifie les potentialités des autres.									

Je l'ai fait avec:	Exemple	1	2	3	4	5	6	7	Expériences supplémentaires
Intelligence exceptionnelle, tempérée par un bon sens commun.									
Autres dons non recensés.									
Données (de quelles sortes).									
Gens (de quelles sortes).									
Idées.	▒								
Comportements.									
Procédures.									
Opérations.									
Phénomènes.									
Instruments.									
Autres:									

F²

Recherche *Investigation* *Analyse* *Systématisation* *Évaluation*	Exemple	1	2	3	4	5	6	7	Expériences supplémentaires
Anticiper les problèmes avant qu'ils ne deviennent des problèmes — Clarifier les problèmes et les situations.									
Interviewer — Trouver les informations auprès des gens en parlant avec eux — Rechercher sources, chemins, et significations — Enquêter.									
Inspecter — Examiner — Surveiller = Mener des recherches exhaustives — Collecter l'information — La faire circuler — Recherches académiques.									
Analyser — Disséquer — Aller des principes aux parties — Analyser les besoins, valeurs, ressources de la communauté — Les situations de communication.	▒								

	Recherche/Investigation/Analyse Systématisation/Évaluation	Exemple	1	2	3	4	5	6	7	Expériences supplémentaires
Je le peux car je l'ai déjà fait	Faire des diagnostics — Organiser — Clarifier — Identifier les éléments, relations, structures et principes d'organisation — Distinguer la forme du contenu — Percevoir et définir les relations entre les causes et les effets.									
	Grouper — Percevoir les dénominateurs communs — Systématiser — Organiser les matériaux, l'information.									
	Tester (une idée, une hypothèse).									
	Déterminer — Résoudre (les problèmes).									
	Passer en revue — Évaluer — Scruter — Critiquer — Évaluer en fonction des critères quantifiables et subjectifs (programmes, expériences, travaux, enregistrements, options, qualifications etc.)									
	Prendre des décisions — Réévaluer.									
	Autres dons non recensés.									
Je l'ai fait avec	Gens (De quelle sorte?).									
	Données.									
	Choses.									
	Idées (théoriques — abstraites, symboliques).									
	Articles, processus.									
	Matière ou énergie.									
	Phénomènes (physique, biologique, culturel...).									
	Autres:									

MODÈLES ET PRIORITÉS

Une fois l'inventaire de vos talents terminé au travers de ces sept activités/rôles/missions/expériences, vous allez définir des MODÈLES et des PRIORITÉS.

a) Des modèles parce que le problème est de savoir si vous avez exercé tel ou tel talent une fois, ou plusieurs fois. « Une fois » ne signifie rien ; en revanche, « plusieurs fois » a valeur d'enseignement.

b) Des priorités, car l'emploi sur lequel vous vous déciderez éventuellement peut ne pas faire appel à tous vos talents. Vous devez donc savoir *lesquels vous êtes prêt(e) à sacrifier et ceux que vous jugez important d'exploiter.* Vous établirez donc des priorités dans vos talents, ou familles de talents.

PHOTOCOPIEZ, SUR-COLORIEZ, HIÉRARCHISEZ

Prenez chaque feuille de l'INVENTAIRE DE VOS TALENTS et photocopiez-en les verso, que vous étalerez sur une table ou par terre.

Vous obtiendrez une « vue aérienne » de vos talents. Repassez une couleur (du rouge, par exemple) sur les carrés déjà coloriés après vous être posé cette question : « Est-ce que je tiens bien aujourd'hui à exploiter ce talent ? » et y avoir répondu « Oui ». Soulignez deux fois en rouge les talents ainsi retenus dans chaque case correspondante.

Quand vous aurez terminé, vous examinerez de nouveau cette « vue aérienne d'ensemble ». Vous discernerez quelle famille de talents a été le plus de fois soulignée et resoulignée. Vous l'isolerez. Puis, vous sortirez celle qui vient immédiatement après et ainsi de suite...

Faites figurer les résultats page 165.

Le moment est maintenant venu de vous lancer dans la seconde partie de vos exercices

OÙ DÉSIREZ-VOUS PARTICULIÈREMENT UTILISER VOS TALENTS ?

Dans quel cadre souhaiteriez-vous particulièrement exercer vos talents ?

Il est, naturellement, très agréable d'être « ouvert » et prêt à les utiliser là où se présente un emploi vacant. Malheureusement, 60 % (80 % aux États-Unis) des postes offerts à des non-débutants ne le sont jamais par la voie des médias, petites annonces, ou tout autre support classique.

Il va donc vous revenir d'enquêter sur les possibilités d'emploi qui correspondent à vos ambitions.

Vous ne pouvez éliminer aucune des organisations qui vous tentent car il se peut qu'elles aient des ouvertures dont vous n'êtes pas informé(e), ou qu'elles en envisagent quand vous vous présenterez. Elles risquent de créer pour vous un poste sur mesure.

Vous ne pourrez manifestement entrer en contact avec TOUTES les organisations qui vous intéressent. C'est pourquoi cette partie de vos exercices est importante. Vous devez réduire

votre champ d'action à une dimension raisonnable. Vous y parviendrez en obéissant à ces

SIX PRINCIPES DE DISCRIMINATION
POUR RÉDUIRE VOTRE ZONE DE RECHERCHE

1. Répondez à cette question : *dans quel département, ville ou région* désirez-vous particulièrement travailler? Si votre lieu d'habitation actuel vous donne satisfaction, prenez une carte de votre ville, fixez une distance maximale que vous ne voulez pas dépasser pour vous rendre chaque jour à votre lieu de travail; coupez un bout de ficelle qui y corresponde; fixez-le à une épingle que vous enfoncerez à l'endroit où vous habitez. Votre lieu de travail devra se trouver dans le cercle que vous pourrez ainsi tracer sur la carte.

Si vous envisagez de changer de cadre géographique, décidez de la ville ou de la région dans laquelle vous exercerez vos activités avec le plus de bonheur; retenez-en deux autres qui seraient des possibilités de rechange.

Inscrivez votre réponse en page 165.

2. *Dans quel cadre, à l'intérieur de cette zone géographique, souhaitez-vous travailler en fonction de vos connaissances?*

Définissez tous les sujets et domaines que vous connaissez pour les avoir découverts et appris au cours de vos loisirs, à l'école, dans vos occupations professionnelles. Inscrivez-les sur une feuille de papier, puis classez-les par ordre d'intérêt décroissant (voir ci-dessous). Vous pouvez demander à des amis leur avis sur des organisations susceptibles d'utiliser au mieux vos connaissances.

3. *A l'intérieur d'une de ces organisations qui ont besoin de vos connaissances, quel environnement humain souhaitez-vous?*

a) Définissez d'abord leurs talents. (Voir page 136. Retenez les trois coins que vous préférez, plus les mots que vous avez soulignés dans chacun de ces coins).

b) Définissez ensuite votre entourage en terme de traits de personnalité: sympathique, gai, travailleur, original, etc... Si vous éprouvez de la difficulté, partez des traits de caractère que vous ne supportez pas. Hiérarchisez-les en utilisant la grille et notez vos réponses au bon endroit page 165.

GRILLE DE HIÉRARCHISATION

FAITES UNE LISTE ET COMPAREZ

Voici une méthode très simple pour définir dans une liste ce que vous trouvez de plus important, puis de seconde importance, etc.

1 *2* Faites une liste des sujets et notez-les. *Dans le cas de connaissances spécifiques, faites une liste de 10 sujets que vous connaissez bien*

1 *3* 2 *3* *et notez-les de 2 à 10.* Maintenant, regardez la première ligne de cette grille. Vous y voyez un 1 et un 2. Alors, comparez les

1 *4* 2 *4* 3 *4* sujets un et deux de votre liste. Lequel vous paraît le plus important? *Posez-vous la question comme cela vous*

1 *5* 2 *5* 3 *5* 4 *5* *plaît: dans le cas de connaissances spécifiques,*

1 *6* 2 *6* 3 *6* 4 *6* 5 *6* *vous pouvez vous demander: si l'on m'offrait deux emplois, l'un utilisant la connaissance*

1 *7* 2 *7* 3 *7* 4 *7* 5 *7* 6 *7* *spécifique N° 1 et l'autre utilisant la connaissance spécifique N° 2, toutes*

1 *8* 2 *8* 3 *8* 4 *8* 5 *8* 6 *8* 7 *8* *choses égales d'ailleurs, quel emploi choisirais-je?* Encerclez

1 *9* 2 *9* 3 *9* 4 *9* 5 *9* 6 *9* 7 *9* 8 *9* le N° correspondant puis allez à la paire suivante

1 *10* 2 *10* 3 *10* 4 *10* 5 *10* 6 *10* 7 *10* 8 *10* 9 *10* etc.

ENCERCLEZ, COMPTEZ

1____ 2____ 3____ 4____ 5____ 6____ 7____ 8____ 9____ 10____

Quand vous avez terminé, comptez le nombre de fois où chaque nombre a été encerclé. Notez ces totaux dans les espaces ci-dessus.

RECOPIEZ

Pour terminer, recopiez votre liste, en commençant par le sujet qui a été le plus souvent entouré. Qui a le score le plus élevé? Celui-ci est votre *nouveau numéro 1*. Puis, le sujet qui a le second score. Ceci est votre nouveau numéro 2.

Dans le cas d'ex-aequo (où deux nombres ont le même score, c'est-à-dire ont été encerclés autant de fois l'un que l'autre), reportez-vous à votre grille pour voir lequel a été choisi lorsque vous les avez comparés l'un à l'autre. Ceci vous dira que vous avez préféré celui-ci plutôt que celui-là, ainsi vous aurez départagé vos ex-aequo.

---

4. *Dans le cadre des organisations qui vous permettraient de bien employer vos connaissances et dont l'encadrement présente les caractéristiques qui vous conviennent, quels sont les objectifs que ces organisations doivent poursuivre?*

a) Un objectif intellectuel — répandre la vérité? Un objectif humain — apporter davantage de beauté dans le monde? Un objectif moral — apporter davantage de justice, d'honnêteté, d'égalité? Ou autre chose?

b) Un objectif de production? de bénéfice financier? de perfectionnement du corps? de réduction de la mortalité?

Relevez vos réponses aux points a) et b) (grille page 161) puis hiérarchisez-les et portez-les page 165.

5. *Vous serez le(la) plus efficace dans une des organisations énumérées ci-dessus à condition qu'elles offrent certaines conditions de travail, et lesquelles?*

a) A l'extérieur? A l'intérieur? Avec de larges ouvertures sur l'extérieur? En espace clos?

b) Un environnement de plus de 500 personnes, de 300 personnes, de 100, de 50, de moins de 10?

c) Des obligations vestimentaires strictes? Un esprit ouvert? Une hiérarchie autoritaire?

d) Dressez la liste des pires conditions de travail que vous ayez connues et établissez leur contrepartie.

Relevez la liste de vos réponses aux questions a), b), c) et d) sur une feuille de papier séparée, hiérarchisez-les (grille page 161), puis reportez vos réponses à l'endroit approprié page 165.

6. *Dans les organisations telles que profilées dans les réponses aux questions ci-dessus, quel genre de responsabilité souhaiteriez-vous exercer ou (pour le formuler autrement) quelles sont vos prétentions salariales?*

a) Voulez-vous travailler seul OU en tandem avec quelqu'un OU en équipe, OU en tant que responsable, patron ou propriétaire de l'entreprise, OU —quoi?

b) Quelles sortes d'initiatives souhaitez-vous prendre, et à quel niveau?

c) Quel est le salaire minimum qui vous est nécessaire pour vivre? Quel est le salaire que vous envisagez ou espérez?

Portez vos réponses au bon endroit page 165 ; inscrivez également toute idée que vous pourriez avoir sur cette question.

ET MAINTENANT ABORDONS
LA TROISIÈME PARTIE DE VOS EXERCICES

Identifiez l'emploi
dont vous venez de dessiner les contours
par son nom ou son titre

Identifiez les types d'organisations
qui offrent ce type d'emploi

Comment vous y faire embaucher

Cette partie de vos exercices comporte trois étapes.

● *Première étape sur la route de votre emploi.*

EXERCEZ-VOUS AUX ENTRETIENS.
L'ENTRETIEN DE « PRATIQUE »

Vous allez demander des rendez-vous et apprendre à vous exprimer dans le cadre d'entretiens strictement « de pratique » sans que pèse sur eux la perspective d'un engagement immédiat. Vous pouvez vous faire accompagner et, si vous êtes timide, vous demanderez le concours d'une personne qui le soit moins que vous et vous observerez attentivement comment elle se comporte.

Il vous faut maintenant vous entretenir avec quelqu'un qui travaille dans *une organisation qui vous fascine ou que vous convoitez* (un aéroport, un magasin de jouets, une chaîne de télévision, ou quoi que ce soit), OU avec quelqu'un qui ait *les mêmes activités de loisirs que vous, les mêmes violons d'Ingres* (le ski, le jardinage, la peinture, la musique, etc...) OU quelqu'un qui travaille *sur un sujet qui vous intéresse ou vous passionne*

(l'écologie, le consumérisme, la faim dans le monde, etc...). Si vous aimez la musique, fréquentez un magasin de disques, prenez contact avec une chorale, un groupe instrumental, etc...

Quand vous aurez trouvé votre interlocuteur, parlez de votre passion commune. Si vous ne savez pas quelles questions lui poser, voici quatre suggestions :

1. Comment avez-vous trouvé OU comment vous êtes-vous intéressé(e) à cette activité/sujet ?

2. Qu'aimez-vous le plus dans ce travail ?

3. Qu'aimez-vous le moins dans ce travail/cette activité/ce sujet ?

4. Où pourrais-je rencontrer d'autres personnes qui s'intéressent également à ce travail/cette activité/ce sujet ?

Vous irez voir les personnes indiquées, ou vous vous rendrez aux endroits suggérés. Et vous poserez les mêmes questions. Vous poursuivrez ce petit jeu tant que vous ne vous sentirez pas à l'aise pour parler aux gens.

● *Deuxième étape sur la route de votre emploi.*

L'ENTRETIEN D'INFORMATION
POUR RASSEMBLER VOS IDÉES

Quand vous vous sentez à l'aise dans les entretiens, vous êtes prêt(e) pour partir à la recherche du type d'emploi et d'organisations *pour lesquels vous êtes fait(e)*.

UNE SIMPLE FLEUR

Pour commencer avec cette fleur, prenez une grande feuille de papier blanc, puis :

a) *Dessinez* le contour de la fleur (six pétales autour d'un cercle central), puis,

b) *Inscrivez vos deux talents préférés* au centre, puis,

c) *Reportez vos deux plus importants items/éléments de recherche* sur chacun des six pétales (vos deux meilleures connaissances, vos deux conditions de travail idéales etc...!.

d) Vous avez relevé sur cette fleur 12-14 items/éléments dans l'ordre de leur importance pour vous. Hiérarchisez-les sur une feuille de papier blanc.

e) Numérotez par ordre préférentiel ces 12-14 items/éléments.

f) *Remplissez les blancs* dans les pages qui suivent en y reportant les items/éléments de votre fleur (élément numéro 1, puis numéro 2, puis...).

LA FLEUR
Une image du métier
que je recherche

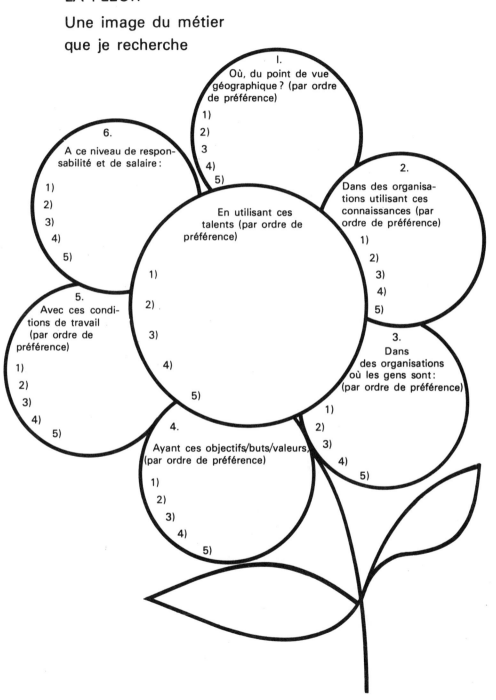

QUESTIONS POUR ENTRETIENS D'INFORMATION SEULEMENT

1 — *Lors de mon premier entretien d'information, je vais rencontrer quelqu'un dont le métier est caractérisé par/se sert de*

1. _____

et je vais lui demander quel type de métiers il/elle connaît qui utilise :

1. _____ ET
2. _____

2 — *Lors de mon second entretien d'information, je vais rencontrer une personne dont les coordonnées m'auront été données lors de mon premier entretien (le précédent), et qui utilise pour son métier/ou dont le métier est caractérisé par*

1. _____ ET
2. _____

et je vais lui demander quel type de métier il/elle connaît qui utilise :

1. _____ ET
2. _____ ET
3. _____

et si il/elle ne sait pas, je lui demanderai qui — à son avis — peut le savoir.

3 — *Lors de mon troisième entretien d'information, je vais rencontrer une personne dont les coordonnées m'auront été données lors de mon second entretien (le précédent), et qui utilise pour son métier/ou dont le métier est caractérisé par*

1. _____ ET
2. _____ ET
3. _____

et je vais lui demander quel type de métier il/elle connaît qui utilise :

1. _____ ET
2. _____ ET
3. _____ ET
4. _____

et si il/elle ne sait pas, je lui demanderai qui — à son avis — peut le savoir.

4 — *Lors de mon quatrième entretien d'information, je vais rencontrer une personne dont les coordonnées m'auront été données lors de mon troisième entretien (le précédent), précisément quelqu'un qui utilise pour son métier/ou dont le métier est caractérisé par*

1. _____ ET
2. _____ ET

3. _____ *ET*
4. _____
et je vais lui demander quel type de métier il/elle connaît qui uti-
lise :
1. _____ *ET*
2. _____ *ET*
3. _____ *ET*
4. _____ *ET*
5. _____
et si il/elle ne sait pas, je lui demanderai qui — à son avis — peut
le savoir.
5 *— Lors de mon cinquième entretien d'information etc...*
(Vous pouvez certainement terminer seul ce shéma, sur une
feuille de papier).

Si, au cours de ces entretiens d'information, il vous était vraiment impossible de rencontrer quelqu'un qui exerce l'emploi de
votre choix, demandez à parler à son supérieur hiérarchique
plutôt qu'à un de ses collègues.

En cas de barrage, faites appel à vos contacts personnels
(famille, anciens camarades d'école) afin qu'ils vous indiquent des
interlocuteurs valables.

● *La troisième et dernière étape sur la route de votre emploi.*

Cette succession d'entretiens vous permettra non seulement de
connaître la nature de l'emploi que vous convoitez, mais aussi
dans quelles organisations vous le trouverez.

Votre tâche consiste maintenant À RETOURNER DANS LES DEUX
OU TROIS ORGANISATIONS QUI VOUS ONT LE PLUS INTÉRESSÉ(E).
D'entrée de jeu, expliquez-leur pourquoi.

Ce n'est qu'à ce stade que vous venez les voir en tant que
demandeur d'emploi (ou offreur de services !).

Le moment est venu de discuter tous les points inscrits sur
votre fameuse fleur. Qu'elles aient un poste vacant ou non n'a
aucune importance ; en revanche, il est capital d'identifier dans
les 3 organisations que vous préférez la personne qui a le pouvoir
de recruter (généralement pas dans le service du personnel) et
vous allez lui dire :

a. ce qui vous a impressionné dans son organisation au cours
de votre entretien d'information lors de la seconde étape avec
quelqu'un de cette société,

b. à quel type de défis, besoins ou « problèmes » (soyez prudent
lorsque vous utilisez le mot « problèmes » avec des employeurs)
votre étude aboutit,

c. quelles qualifications/talents vous semblent indispensables pour relever ces défis, satisfaire ses besoins ou s'attaquer à ses « problèmes » dans son organisation,

d. le fait que vous possédiez ces qualifications/talents (ce sont les informations recueillies dans la fleur).

De leur côté, vos interlocuteurs attendront de vous que vous répondiez aux quatre questions classiques suivantes vous concernant :

a. pourquoi êtes-vous ici ? (C'est-à-dire pourquoi avez-vous plus particulièrement choisi notre organisation) ?

b. que pouvez-vous faire pour nous ? (C'est-à-dire quels sont vos talents et connaissances particuliers) ?

c. quel genre de personne êtes-vous ? (Quels sont vos buts, ambitions, objectifs) ?

d. combien allez-vous nous coûter ? (Votre fourchette de salaire maximum, minimum) ?

Ils peuvent vous poser ces questions directement ou essayer d'en découvrir les réponses en laissant tout simplement l'entretien se dérouler. Dans le meilleur des cas, cela débouchera sur une proposition ferme d'embauche. Sinon, passez à la case suivante, c'est-à-dire à l'organisation vers laquelle vos préférences vont en second et accrochez-vous. Surtout ne laissez pas tomber. Bonne chance !

Annexes

TABLE DES ANNEXES

Annexe 1
BIBLIOGRAPHIE

1.1 LIVRES

Les livres vous permettent d'obtenir, à très peu de frais, de l'information, des conseils pratiques et de l'aide sur les techniques de recherche d'emploi. Enfin, ils vous donnent accès aux connaissances de personnes-ressources qui y expriment leurs techniques.

Par contre, les livres sont également des blocs de mots, souvent ennuyants, lourds et même quelquefois très loin de la réalité, qui risquent de décourager le lecteur. La majorité d'entre nous avons tendance à croire que tout ce qui est écrit doit être vrai. Mais vous seriez surpris d'apprendre avec quelle aisance on peut imprimer de faux renseignements.

Donc, si vous décidez de consulter d'autres livres relatifs à votre recherche d'emploi, choisissez-les prudemment et lisez avec attention. N'oubliez pas qu'il s'agit de votre recherche d'emploi.

Un grand nombre d'ouvrages proposent des méthodes de recherche active d'emploi. Certains sont axés sur les techniques psychologiques, d'autres insistent sur des pistes à suivre en donnant un maximum d'adresses et de conseils pratiques. Nous vous en donnons ici la liste des principaux:

1.2 LES ÉTUDES GÉNÉRALES

La mi-carrière: problèmes et solutions, Dr Yves Lamontagne, Guy Saint-Jean éditeur 1995.

La méthode dynamique de recherche d'emploi, ministère de l'emploi et immigration Canada, Éditions Innovacom.

Comment chercher un emploi, Catherine F. Davidson et L. Glen Lippett, Emploi et immigration Canada, direction de l'analyse et du développement, professions et carrières.

L'emploi idéal en 4 minutes, Geoffrey Lalonde, Éditions de l'Homme.

Méthode dynamique de recherche d'emploi: guide de l'élève, ministère du travail et de la main-d'œuvre, gouvernement du Québec.

Recherche d'emploi, chômage et gains salariaux sur le marché du travail, Abrar Hasan, Surendra Gera, Conseil économique du Canada.

How to Turn an Interview Into a Job, Jeffrey G. Allen, Éditions Simon & Schuster.

III (one hundred and eleven) Proven Techniques and Strategies for Getting the Job Interview, Burdette E. Bostwick, Éditions Wiley & Sons.

How to Find a Job when Jobs are Hard to Find, Donald R. German et Joan W. German, Éditions Anacom.

A Guide to Executive Re-employement, Charles Dudenez, Éditions MacDonald and Evans.

Help wanted: Everything You Need to Know to Get the Job you Deserve, Bert Fregley, ETC Publications.

How to Get a Better Job Quicker, Richard A. Pagne, Éditions New American Library, tirage de 1980.

The Complete Job-Search Handbook: All the Skills You Need to Get any Job and Have a Good Time Doing It, Howard Figler, Éditions Hold, Rinehart and Winston.

Sacked! What Do You Do When You Lose Your Job, Dean B. Peskin, Éditions Anacom.

Job Search: the Complete Manual for Jobseekers, H. Lee Rust, réalisé par Joyce Benington, aux Éditions Anacom.

Getting a Better Job, David Gootnick, Éditions McGraw Hill.

Creating a Career: Career Planning and Job Search, centre de recherches et de développement en formation, Ministère des Approvisionnements et Services, gouvernement du Canada.

When Can You Start? The complete job search guide for women of all ages, The Staff of Catalyst, aux Éditions Macmillan.

Bridges To Success: Finding Jobs and Changing Careers, Margaret Faughnan Austin et Hariet Mason Vines, Éditions J. Wiley.

Professional in Search of Work: Coping with the Stress of Job Loss and Underemployment, H. G. Kaufman, Éditions J. Wiley and Sons.

New Life Options, the working women's resource book, R. Loring et H. Otto.

Womanpower, Laura G. Manis.

Ambitious Woman's Guide to a Successful Career, Margaret V. Higginson et al.

Career and Conflict - the Woman's Guide to Making Life Choices, Anne Russel, Patricia Fitzgibbons.

Having It All, a Practical Guide to Overcoming the Career Woman's Blues, J. Gabriel et B. Baldwyn.

The Managerial Woman, M. Hennig et A. Jardin.

Finding the Right Job for You, édition revisée (1982) APUC.

Career Dynamics, Edgar Schein.

Finding a Job You Feel Good About, C. Garrison et E. Detal.

Good Jobs, Bad Jobs, No Jobs, Eli Ginzberg.

If You Don't Know Where You're Going, You'll Probably End up Somewhere Else, David Campbell.

Job and Career Building, Bernard Holdane Associates.

The Three Boxes of Life, Richard N. Bolles.

Where Do I Go From Here With My Life?, R. N. Bolles et J. Crystal.

Get the Right Job Now, Jeffrey Eisen.

Teach Yourself How to Find a Job, Rosemary Gaymer.

Career Planning and Job Hunting/Occupational options, Rosemary Gaymer.

Quick Job Hunting Map, R. N. Bolles.

Getting Hired, Edward J. Rodgers.

Go Hire Yourself an Employer, Richard K. Trish.

How to Find the Job You've Always Wanted, Burdette E. Botwick.

How to succeed in the Business of Finding a Job, Phoebe Taylor.

How to Win a Job Interview, Jason Robertson.

Job Hunter's Manual.

Trouver son travail, J. Limoges, Robert Lemaire, France Dodier, Éditions Fides.

Nouveaux profils de carrière, Claire Landry, André Filion, Psychologie Industrielle inc., Les Éditions de l'Homme.

What Color is Your Parachute? A Practical Manual for Job Hunters + Career-Changes, Berkeley, Ten Speed Press.

L'Art de chercher un emploi: L'emploi de demain commence aujourd'hui, Montréal: Éditions Agence d'Arc.

Osez changer d'emploi… et de vie, Carole Kanchier, éditions Québécor.

Une carrière sur mesure: comment planifier sa carrière en fonction de ses aptitudes et de ses aspirations, Denise Lemyre-Desautels, Montréal, Éditions de l'Homme.

Classification nationale des professions (CNP), Développement des ressources humaines Canada, Groupe Communication Canada.

Trouvez votre premier emploi, Girard, Roudaut, Paris: L'étudiant.

Comment trouver un emploi et se faire embaucher, Martin John Yate, Paris: First.

The Right Place at the Right Time, Robert Wegmann et Robert Chapman, Berkeley, Ten Speed Press.

Devenir, A. Spain., S. Hamel, L. Bédard, Québec, Les Presses de l'Université Laval.

Transitions professionnelles, Danielle Riverin-Simard, Québec, Les Presses de l'Université Laval.

Chômage, mode d'emploi, Jacques Limoges et al., Montréal, Les Éditions de l'Homme.

Décrochez votre emploi: sachez vous vendre, Maurice Carlton, Paris, Éditions d'Organisation.

La méthode ouvre-boîte: l'outil pour trouver votre emploi, F. Mantione, Les Presses du management, Éditions Nouvelles.

Les personnes handicapées et le marché du travail, B. Kenoumi, Éditions d'Organisation.

Trouver une situation en un minimum de temps: stratégies du chercheur d'emploi, M. Lerond et L. Genain, Éditions de Vecchi.

Vendez-vous: le marketing appliqué à la recherche d'emploi, D. Defendi, Les Presses du management.

Travail et personnalité, Danielle Riverin-Simard, Les Presses de l'Université Laval, Québec.

Réussir son insertion professionnelle, Jacques Limoges, Éditions Agence d'Arc.

La perte d'emploi, une affaire de famille, Suzanne Chapdelaine et Gilles Jobin, Les éditions Québécor.

Les types de personnalité: Les comprendre et les appliquer avec le MBTI - Indicateur typologique de Myers-Briggs, Pierre Cauvin, Geneviève Cailloux, ESF éditeur.

Do what you are (discover the perfect career for you through the secrets of personality type), Paul D. Tieger et Barbara Tieger-Barron, Little, Brown and Company.

Career book, Kennedy's Lain Joyce, Second Edition, co-authored by Dr. Darryl Laramore, VGM Career Horizons.

1.3 LES ÉTUDES SPÉCIALISÉES

Certains ouvrages abordent diverses étapes de la recherche d'emploi d'une façon plus détaillée. Comme il existe de nombreux ouvrages spécialisés, il est devenu très difficile de tous les répertorier. C'est pourquoi nous nous sommes limités aux études principales.

Le guide du nouveau curriculum vitæ, Alain Baden, Éditions Le Coudray: A. Baden, diffusé par Fleurus distribution.

Résumés That Get Jobs: How to Write your Best Résumé, Résumé Service, Éditions Jean Reed.

Marketing yourself: the Calalyst Woman's Guide to Succesful Résumés and Interviews, «The Calalyst staff», Éditions Putnam.

Réussir son c.v. et sa lettre de candidature pour trouver un emploi, S. De La Blanchardière et Kerjean O. Bonnin, Éditions de Vecchi.

Better Résumés for Executives and Professionnals, Third Edition, F. Wilson et A. Lewis, Barron's Educational series, inc.

Comment rédiger son curriculum vitæ, Julie Brazeau, Montréal, Éditions de l'Homme.

La lettre de motivation efficace: guide pratique, D. Bon, Éditions de Vecchi.

Je cherche un emploi: comment préparer ses entrevues, J. Brazeau, Montréal, Éditions de l'Homme.

Résumés for Better Jobs, Lawrence D. Brennan, Stand Stanley et Gruber Edward, New-York, Arco Publishing.

1.4 LES REVUES PROFESSIONNELLES

Les revues professionnelles donnent des informations utiles et précieuses sur les entreprises du secteur qu'elles couvrent et notamment leurs perspectives et stratégies d'emploi. Certaines d'entre elles publient régulièrement des petites annonces.

A

À la une au gouvernement/Secrétariat à la condition féminine du Québec. - 4 nos par an.

À rayons ouverts: bulletin/Bibliothèque nationale du Québec. - 4 nos par an.

ARQ Info: bulletin d'information/Association des restaurateurs du Québec. - 6 nos par an.

Accès Plus: bulletin d'information/Commission des droits de la personne du Québec. - 3 nos par an.

Actualité (L')/Maclean Hunter Québec. - 20 nos par an.

Aérospatial (L'): bulletin d'information/Ministère de l'industrie, du commerce et de la technologie du Québec. - irrég.

Affaires (Les) (journal hebdomadaire)/Publ. Les Affaires Inc. - 50 nos par an.

Affaires (Les) en bref/communauté urbaine de Montréal. - 4 nos par an.

Agora (L'): journal d'idées, de débats et de combats/L'Agora recherches et communications Inc. - 10 nos par an.

Alimentation (L'). - Éd. du Marchand québécois. - 11 nos par an.

Analyse du marché de la revente du Montréal métropolitain/ Chambre immobilière du Grand Montréal. - 4 nos par an.

Au pluriel/Ministère des affaires internationales, de l'immigration et des communautés culturelles (MAIICC). - 3 nos par an.

Automobile (L')/Communication d'affaires Southam inc. - 6 nos par an.

Avenir. - Éd. du Mont-Royal. - 10 nos par an.

Avantage/Maclean Hunter Business Publications - publié chaque mois.

Azimut (L'): bulletin/Société québécoise de développement de la main-d'œuvre. - 9 nos par an.

B

Banquier (Le)/Association des banquiers canadiens. - 6 nos par an.

Bioclips: hebdomadaire sur le bioalimentaire/Ministère de l'agriculture, des pêcheries et de l'alimentation du Québec. - hebdomadaire.

Bobbin magazine. - Bobbin Blenheim Media Corp. - mensuel.

Booklist/American Library Association. - 22 nos par an.

Bouge: Le CIAFT en mouvement/Conseil d'intervention pour l'accès des femmes au travail du Québec. - 4 nos par an.

Bref/Centre d'études et de recherches sur les qualifications (CEREQ), France. - 10 nos par an.

Bulletin (Le)/Commission de la construction du Québec. - 6 nos par an.

Bulletin (Le)/Conseil des métiers d'art du Québec. - 10 nos par an.

Bulletin d'information/Direction générale des affaires universitaires et scientifiques, Centre de documentation. - 10 nos par an.

Bulletin économique hebdomadaire/Ministère des finances du Québec. - 52 nos par an.

Bulletin financier hebdomadaire/Ministère des finances du Québec. - 52 nos par an.

Bulletin mensuel sur la situation économique et budgétaire des provinces/Ministère des finances du Québec. - mensuel.

Bulletin régional sur le marché du travail: Abitibi-Témiscamingue/ Société québécoise de développement de la main-d'œuvre. - 4 nos par an.

Bulletin régional sur le marché du travail: Bas Saint-Laurent et Gaspésie - Îles-de-la-Madeleine/Société québécoise de développement de la main-d'œuvre. - 4 nos par an.

Bulletin régional sur le marché du travail: Côte-Nord et Nord du Québec/Société québécoise de développement de la main-d'œuvre. - 4 nos par an.

Bulletin régional sur le marché du travail: Estrie/Société québécoise de développement de la main-d'œuvre. - 4 nos par an.

Bulletin régional sur le marché du travail: Laval, Laurentides et Lanaudière/Société québécoise de développement de la main-d'œuvre. - 4 nos par an.

Bulletin régional sur le marché du travail: Mauricie - Bois-Francs/ Société québécoise de développement de la main-d'œuvre. - 4 nos par an.

Bulletin régional sur le marché du travail: Montérégie/Société québécoise de développement de la main-d'œuvre. - 4 nos par an.

Bulletin régional sur le marché du travail: Montréal et Laval/ Société québécoise de développement de la main-d'œuvre. - 4 nos par an.

Bulletin régional sur le marché du travail: Outaouais/Société québécoise de développement de la main-d'œuvre. - 4 nos par an.

Bulletin régional sur le marché du travail: Québec et Chaudière-Appalaches/Société québécoise de développement de la main-d'œuvre. - 4 nos par an.

Bulletin régional sur le marché du travail: Saguenay - Lac-Saint-Jean/Société québécoise de développement de la main-d'œuvre. - 4 nos par an.

Bulletin sur l'insolvabilité = Insolvency Bulletin/Gouvernement du Canada, Bureau du Surintendant des faillites, Industrie Canada. - 4 nos par an.

Bulletin (Le) touristique/Direction de la planification et de la recherche de Tourisme Québec. - 4 nos par an.

Bulletin un recueil annuel d'idées, d'outils et d'informations/Le Groupe CFC - annuel.

C

Caducée (Le)/Association des diplômés de l'École des Hautes Études Commerciales. - 4 nos par an.

Cahier de recherche sociologique/Université du Québec à Montréal, Département de sociologie. - 2 nos par an.

Canadian (The) Apparel Manufacturer Magazine/CTJ-Inc. - 6 nos par an.

Canadian Business Review/Conference Board of Canada. - 4 nos par an.

Canadian Business Review/Conference Board of Canada. - 4 nos par an.

Canadian Industry Shows an Exhibitions, Maclean Hunter Business Publications. - publié en septembre.

Carrefour bioalimentaire/Ministère de l'agriculture, des pêcheries et de l'alimentation du Québec. - 5 nos par an.

CEDEFOP-flash/Centre européen pour le développement de la formation professionnel. - irrég.

Cerfœil: bulletin d'information du CERFO. - irrég.

Chantiers jeunesse/Ministère des affaires municipales du Québec. - 2 nos par an.

Chiffres à l'appui/Ministère de la culture et des communications Québec. - 3 nos par an.

CJeunes: bulletin d'information/Centre jeunesse de Montréal. - 10 nos par an.

Collèges (Les) et le développement régional/Comité conjoint collèges-DGEC. - Collège Ahuntsic. - irrég.

Commerce (Revue). - Publications Transcontinental. - mensuel.

Communication plus: bulletin/Hydro-Québec, communication et relations publiques, Centre de documentation de la Vice-présidence. - irrég.

Communiqué = News Release/Ministère du développement des ressources humaines Canada. - irrég.

Conseil éducation: Bulletin d'information/Conseil supérieur de l'éducation du Québec. - 5 nos par an.

Construire: publication officielle/Association de la construction du Québec. - 6 nos par an.

Convergence/Centre patronal de santé et sécurité du travail du Québec. - 5 nos par an.

Creativity/Maclean Hunter Business Publications. - 4 nos par an.

D

Défi (Le): bulletin des (...) Olympiades/Compétences Québec. - annuel.

Détail: le magazine des détaillants, des distributeurs et des fabricants. - Éd. Info Presse inc. - 5 nos par an.

Devoir (Le) (journal quotidien). - 6 nos par sem.

Documentation et bibliothèques/Association pour l'avancement des sciences et des techniques de la documentation (ASTED). - 4 nos par an.

Droits et libertés: bulletin/Commission des droits de la personne du Québec. - 4 nos par an.

E

École (L') montréalaise: bulletin d'information à l'intention du personnel de la CECM/CECM. - irrég.

Économie (L') de Montréal/Ville de Montréal, Service des affaires institutionnelles. - 4 nos par an.

Economist (The). - 51 nos par an.

Élan formateur: publication officielle/Association des andragogues du Québec. - 3 nos par an.

Emploi (L') au Québec: communiqué mensuel/Société québécoise de développement de la main-d'œuvre, Direction de la recherche, des études et de l'évaluation. - mensuel.

Emploi (L') et le revenu en perspective/Statistiques Canada. - 4 nos par an.

En perspective: bulletin économique/Confédération des caisses populaires et d'économie Desjardins du Québec. - mensuel.

Entracte: le journal officiel de la Chambre des notaires du Québec. - 18 nos par an.

Entreprendre: le magazine des gens qui ont l'esprit d'entreprise/Éd. Qualité performante inc. - 6 nos par an.

Expansion (L') Management Review: Best of Business Review/ Groupe Expansion Magazine. - 4 nos par an.

F

Factuelle/Secrétariat à la condition féminine du Québec. - irrég.

Forces: revue de documentation économique, sociale et culturelle: Québec/Société d'édition de la revue Forces. - 4 nos par an.

Formation emploi/Centre d'études et de recherches sur les qualifications (CEREQ) (France). - La Documentation française. - 4 nos par an.

Fortune. - 26 nos par an.

Forum énergie: Montréal métropolitain = Energy Forum: Metropolitan Montreal/Ministère des ressources naturelles du Québec, Direction de l'efficacité énergétique. - irrég.

Forum Express: bulletin de liaison/Forum pour l'emploi. - irrég.

Francisation (La) en marché/Office de la langue française, Service des communications. - 3 nos par an.

G

Gazette officielle du Québec: Partie 2: Lois et règlements. - 52 nos par an.

Génie (Le) en formation: bulletin/Ordre des ingénieurs, Services de développement professionnel. - 3 nos par an.

Gestion: revue internationale de gestion/École des Hautes Études Commerciales. - 4 nos par an.

Guide nouvelle/Bureau des soumissions déposées du Québec (BSDQ). - 6 à 8 nos par an.

H

Harvard Business Review/Harvard Business School Publishing Corp. - 6 nos par an.

Hydro-Tech/Hydro-Québec, Vice-présidence Technologie et IREQ. - 2 nos par an.

Hospitalité (L')/Maclean Hunter Business Publications. - 4 nos par an.

I

I 2000: bulletin = 2000: Newsletter/Impression 2000. - 4 nos par an.

INRS Nouvelles/Institut national de la recherche scientifique (INRS). - irrég.

IRSST (L'): périodique d'information sur la recherche en santé et en sécurité du travail/Institut de recherche en santé et sécurité du travail du Québec. - 3 nos par an.

Images/Images interculturelles. - mensuel.

Indicateurs des services/Statistiques Canada. - 4 nos par an.

Infirmière (L') du Québec: revue/Ordre des infirmières et infirmiers du Québec. - bimestriel.

Info-CEFRIO: bulletin/Centre francophone de recherche en informatisation des organisations (CEFRIO). - bimestriel.

Info-Jeunesse/Secrétariat à la jeunesse du Québec. - irrég.

Info (L') MAC: bulletin/Mouvement Action-Chômage de Montréal . - trimestriel.

Info métiers d'art/Institut des métiers d'art - Cégep du Vieux Montréal. - 2 nos par an.

Info Presse Communications: le mensuel du marketing, de la publicité et des médias. - Éd. Info Presse Inc. - 10 nos par an.

Info ressources humaines/Association des professionnels en ressources humaine du Québec. - 10 nos par an.

Info-Tech Magazine: Informatique & technologie/Éd. Info-Tech. - 11 nos par an.

Infochimie: journal/Association pour le développement de l'industrie chimique québécoise. - 3 nos par an.

Infograppes: bulletin d'information sur la stratégie de développement industriel du Québec/Ministère de l'industrie, du commerce, de la science et de la technologie du Québec. - 4 nos par an.

Intégration (L'): magazine/Office des personnes handicapées du Québec. - 6 nos par an.

Inter-mécanique du bâtiment/Corporation des maître mécaniciens en tuyauterie du Québec (CMMTQ). - 10 nos par an.

J

Journal (Le)/Ordre des infirmières et infirmiers du Québec. - irrég.

Journal de l'Association canadienne de la formation professionnelle (ACFP) = Canadian vocational Journal/Association canadienne de la formation professionnelle. - 4 nos par an.

Journal (Le) de l'emploi. - irrég.

Journal Industriel du Québec/Info-industriel. - 10 nos par an.

L

Lettre économique et financière/Banque nationale, Service des études économiques. - irrég.

Liste bimestrielle des publications du Gouvernement du Québec/ Ministère des communications du Québec. - 6 nos par an.

Liste des nouveautés/Société québécoise de développement de la main-d'œuvre (SQDM-central), Direction recherche, études et évaluation, Centre de documentation. - mensuel.

Liste des périodiques/Société québécoise de développement de la main-d'œuvre (SQDM-central), Direction recherche, études et évaluation, Centre de documentation. - annuel.

Liste hebdomadaire des publications du Gouvernement du Canada/Groupe communication Canada. - 52 nos par an.

Liste spéciale des publications du Gouvernement du Canada/ Groupe communication Canada. - 12 nos par an.

M

Magazine affaires plus/Publications Transcontinental inc. - 10 nos par an.

Magazine Québec international/Ministère des affaires internationales, de l'immigration et des communautés culturelles du Québec. - 4 nos par an.

Maître (Le) imprimeur/Association des arts graphiques du Québec. - mensuel.

Marché (Le) du travail/Ministère de l'emploi du Québec, Secrétariat et communications. - Les Publications du Québec. - 12 nos par an.

Micro: bulletin de recherche microéconomique = Micro: the Micro-Economic Research Bulletin/Industrie Canada. - Ministère des approvisionnements et services Canada. - 4 nos par an.

Montréal Plus/Chambre de commerce du Montréal métropolitain. - mensuel.

N

Notes d'information: éducation des adultes/UNESCO. - 4 nos par an.

Nouveautés/Société québécoise de développement de la main-d'œuvre de Laval, Laurentides et Lanaudière, Centre de documentation. - mensuel.

Nouveaux documents/Société québécoise de développement de la main-d'œuvre du Saguenay - Lac-Saint-Jean, Centre de documentation. - mensuel.

Nouvelles CCMC/Institut de recherche en construction. - 4 nos par an.

Nouvelles CNB/CNPI/Commission canadienne du bâtiment et de prévention des incendies. - Conseil national de recherche du Canada. - 4 nos par an.

Nouvelles acquisitions/Ministère du travail du Québec, Centre de recherche et de statistiques sur le marché du travail, Centre de documentation. - mensuel.

Nouvelles fiscales/Ministère du revenu du Québec. - 4 nos par an.

Novateur (Le): bulletin d'information industrielle/Centre de recherche industrielle du Québec (CRIQ).

O

Observateur (L') de L'OCDE/Organisme de coopération et de développement économique. - 6 nos par an.

Observateur (L') économique canadien/Statistique Canada. - mensuel

P

PME: le magazine de l'entrepreneurship du Québec. - Publications Transcontinental. - 10 nos par an.

Paramètres: journal/Association des entrepreneurs en construction du Québec. - irrég.

Plan: le mensuel du génie québécois/Ordre des ingénieurs du Québec.

Pot-au-feu (Le): revue officielle/Société des chefs, cuisiniers et pâtissiers de la province de Québec. - 4 nos par an.

Presse (La) (journal quotidien). - 7 nos par sem.

Prévention au travail/Commission de la santé et de la sécurité du travail du Québec (CSST). - 6 nos par an.

Profit$: un journal pour les PME/Banque fédérale de développement. 4 nos par an.

Q

Qualité totale/Éditions Quafec. - 4 nos par an.

Québec Science/La revue Québec science. - 10 nos par an.

Qui fait quoi: la revue des professionnels de l'image et du son. - mensuel.

Quotidien (Le)/Statistique Canada. - 5 nos par sem.

R

Rapport statistique mensuel: programmes de la sécurité du revenu/Ministère de la sécurité du revenu du Québec, Direction de la recherche, de l'évaluation et de la statistique. - mensuel.

Recherches transport: bulletin économique du transport au Québec/Ministère des transports du Québec, Service statistique et économie en transport. - trimestriel.

Relations industrielles = Industrial Relations/Université Laval, Département des relations industrielles. - Les Presses de l'université Laval. - trimestriel.

Relève (La): bulletin d'information/Service d'aide aux jeunes entrepreneurs île de Montréal (SAJE). - 5 nos par an.

Résultats de l'enquête sur la population active/Développement des ressources humaines Canada, Direction planification stratégique, région du Québec. - mensuel.

Revue (La) canadienne d'évaluation de programme = Canadian (The) Journal of Program Evaluation/La société canadienne d'évaluation. - 2 nos par an.

Revue canadienne de counselling = Canadian Journal of Counselling/Société canadienne d'orientation et de consultation. - trimestriel.

Revue (La) de l'activité dans l'industrie de la construction/Commission de la construction du Québec, Service recherche et organisation. - irrég.

Revue (La) du Bus/Association des propriétaires d'autobus du Québec. - 10 nos par an.

Revue internationale d'action communautaire = International Review of Community Development. - Éd. Saint-Martin. - 2 nos par an.

Revue internationale du travail/Bureau international du travail. - bimestriel.

Revue internationale P.M.E./Presses de l'université du Québec. - 3 nos par an.

Revue Organisation: réflexion et action sur la gestion des organisations/Université du Québec à Chicoutimi, Département des sciences économiques et administratives; Faculté d'administration de l'université de Sherbrooke, Institut d'entrepreneuriat. - 2 nos par an.

Route et transports/Association québécoise du transport et des routes inc. - 4 nos par an.

S

Secrétariat moderne. - Éd. Ultima inc. - 6 nos par an.

Sociologie du travail. - Dunod. - trimestriel.

Stat-Express: industries culturelles/Ministère de la culture du Québec, Direction de la recherche. - annuel.

T

Technologue (Le)/Ordre des technologues professionnels du Québec. - 6 nos par an.

Téléporteur de bonnes nouvelles/Téléport de Montréal. - irrég.

Training: the human side of business. - Lakewood Publications inc. - mensuel.

Training & Development/American Society for Training and Development. - mensuel.

Travail: le magazine de l'OIT/Bureau international du travail, Bureau de l'information publique. - 5 nos par an.

Travail et emploi/Ministère du travail, de l'emploi et de la formation professionnelle, Direction de l'animation de la recherche, des études et de la statistique (DARES). - La documentation française. - 4 nos par an.

Travaillons ensemble: bulletin = Working Together: Bulletin/ Centre canadien du marché du travail et de la productivité. - irrég.

V

Vieux-Montréal en vue. - 2 nos par an.

Vision ressources humaines/Sobeco, Ernst & Young. - 4 nos par an.

Vocational Education Journal/American Vocational Association. - 8 nos par an.

W

WordPerfect Report: an Update of Software and Events/Novell inc. - biannuel (avec résumé français).

Annexe 2

ADRESSES UTILES

2.1 LES ORGANISMES OFFICIELS

C.R.H.C. (Centre de ressources humaines Canada)

Anciennement connus comme C.E.C.: les centres de ressources humaines Canada sont le résultat de consultations intensives sur la réforme du système de sécurité sociale: le Livre vert en octobre 1994, le Comité parlementaire permanent ainsi que d'autres activités de consultation publique.

Dans la pratique, l'assurance-emploi comme nouveau régime proposé comprend 3 catégories de mesures:
— Des prestations d'assurance
— Des prestations d'emploi
— Le Fond transitoire pour la création d'emplois.

En ce qui concerne les prestations d'assurance, un nouveau système de détermination de l'admissibilité ainsi qu'un nouveau régime de prestations ont été mis en place le 1er juillet 1996. Quant aux prestations d'emploi, 5 nouvelles prestations ont été mises en place après l'adoption de la loi le 1er juillet 1996:
1) Subventions salariales ciblées
2) Suppléments de rémunération ciblés
3) Aide au travail indépendant
4) Partenariats pour la création d'emplois
5) Prêts et subventions de perfectionnement.

Enfin, un Fonds transitoire pour la création d'emplois sera mis en place pour favoriser la création d'emplois permanents dans les régions à taux de chômage élevé.

Si l'on fait un bref retour dans le temps, depuis 1966, l'accent à été mis sur l'information, le placement, la formation, la relation d'aide et la création d'emplois, la sélection et la présentation de candidats à des cours de formation en établissement (ex: Achats directs, Achat local de Formation en établissement pour prestataires d'assurance-chômage (Alfepac)) et en industrie. Comme ces programmes de formation évoluent et se modifient chaque année, il vous est suggéré de communiquer avec le Centre de ressources humaines Canada de votre localité pour obtenir les informations nécessaires relatives aux politiques d'éligibilité et aux conditions de participation.

Vous trouverez les adresses et numéros de téléphone des CRHC dans ce chapitre.

Vous trouverez également les adresses des Clubs de recherche d'emploi et la liste des projets Extension qui sont des ateliers offerts par les CRHC aux personnes en quête d'emploi. Ces organismes donnent l'occasion de développer les attitudes et d'acquérir les compétences et les outils nécessaires à une recherche d'emploi autonome.

A
Acton Vale (CRHC)
1185, boul. Saint-André, 2e étage,
Acton Vale (Québec), J0H 1A0
Tél.: (514) 546-2794 Télec.: (514) 546-4184

Alma (CRHC)
100, rue Saint-Joseph, Alma (Québec), G8B 7A6
Tél.: (418) 668-7981 Télec.: (418) 668-7427

Amos (CRHC)
101, 1re Avenue Est, Amos (Québec), J9T 1H4
Tél.: (819) 732-3231 Télec.: (819) 732-7997

Amqui (CRHC)
12, Avenue du Parc, Amqui (Québec), G0J 1B0
Tél.: (418) 629-2140

Asbestos (Succursale)
566, 1re Avenue, Bureau 2, Asbestos (Québec), J1T 4N3
Tél.: (819) 879-5491 Télec.: (819) 879-2501

B
Baie-Comeau (CRHC)
859, rue Bossé, bureau 100, Baie-Comeau (Québec), G5C 3V2
Tél.: (418) 295-3600 Télec.: (418) 295-3633

Baie du Poste
Voir Mistissini

Beauharnois (Succursale)
499, rue Ellice, Beauharnois (Québec), J6N 1X6
Tél.: (514) 691-4350 Télec.: (514) 691-4247

Beauport (CRHC)
Carrefour Beauport, 333, avenue du Carrefour, bureau 54,
Beauport (Québec), G1C 7N7
Tél.: (418) 660-6660 Télec.: (418) 660-6677

Bécancour (Succursale)
4900, rue Fardel, Saint-Grégoire (Québec), G0X 2T0
Tél.: (819) 233-3341 Télec.: (819) 233-4398

Belœil (Succursale)
542, Sir Wilfrid-Laurier, Belœil (Québec), J3G 4H9
Tél.: (514) 467-9314 Télec.: 467-6917

Berthierville (CRHC)
690, rue Pierre-de-l'Estage, C.P. 10,
Berthierville (Québec), J0K 1A0
Tél.: (514) 836-3793 Télec.: (514) 836-1389

Brossard (CRHC)
2500, boul. Lapinière, Brossard (Québec), J4Z 3P1
Tél.: (514) 445-0411 Télec.: (514) 445-3792

Buckingham (CRHC)
101, rue McLaren Est, Buckingham (Québec), J8L 1J9
Tél.: (819) 986-3383 Télec.: (819) 986-3376

C

Campbell's Bay (Succursale)
C.P. 399, 1, rue John, Campbell's Bay, (Québec), J0X 1K0
Tél.: (819) 648-2146 Télec.: (819) 648-5102

Cap-aux-Meules (CRHC)
C.P. 1000, Cap-aux-Meules (Québec), G0B 1B0
Tél.: (418) 986-5415 Télec.: (418) 986-2764

Cap-de-la-Madeleine (CRHC)
435, rue Barkoff, Cap-de-la-Madeleine (Québec), G8T 2A5
Tél.: (819) 379-6440 Télec.: (819) 379-9113

Causapscal (CRHC)
6, rue Saint-Jacques Nord, Causapscal (Québec), G0J 1J0
Tél.: (418) 756-3464 Télec.: (418) 756-6002

Chambly (Succursale)
820, boul. Périgny, Chambly (Québec), J3L 1W3
Tél.: (514) 658-5566 Télec.: (514) 658-5781

Chandler (CRHC)
75, boul. René-Lévesque Est, Chandler (Québec), G0C 1K0
Tél.: (418) 689-3381 Télec.: (418) 689-4900

Charny/Saint-Romuald (CRHC)
940, Chemin du Sault, Saint-Romuald (Québec), G6W 5M6
Tél.: (418) 834-7697 Télec.: (418) 834-2551

Châteauguay (CRHC)
180, boul. d'Anjou, suite 250, Châteauguay (Québec), J6K 5E6
Tél. : (514) 691-4350 Télec.: (514) 691-4247

Chibougamau (Succursale)
333, 3e Rue, Chibougamau (Québec), G8P 1N4
Tél.: (418) 748-6464 Télec.: (418) 748-6730

Chicoutimi (CRHC)
100, avenue Lafontaine, Chicoutimi (Québec), G7H 6X2
Tél.: (418) 541-4000 Télec.: (418) 698-5594

Chicoutimi Infocentre
100, rue Lafontaine, suite 221, Chicoutimi (Québec), G7H 6X2
Tél.: (418) 693-8884

Chisasibi (Succursale)
Complexe administratif, C.P. 250, Chisasibi (Québec), J0M 1E0
Tél.: (819) 855-2675 Télec.: (819) 855-2109

Coaticook (Succursale)
14, rue Adams, suite 300, Coaticook (Québec), J1A 1K3
Tél.: (819) 849-2757 Télec.: (819) 849-9567

Contrecœur (Succursale)
5217, Marie-Victorin, C.P. 219, Contrecœur (Québec), J0l 1C0
Tél.: (514) 587-2039 Télec.: (514) 587-8311

Cowansville (CRHC)
224, rue Sud, Cowansville (Québec), J2K 2X4
Tél.: (514) 263-0505 Télec.: (514) 263-8838

D
Dolbeau (CRHC)
1420, boul. Wallberg, Rez-de-Chaussée, C.P. 1500,
Dolbeau (Québec), G8L 3M1
Tél.: (418) 276-0633 Télec.: (418) 276-5045

Drummondville (CRHC)
350, rue Saint-Jean, Drummondville (Québec), J2B 5L4
Tél.: (819) 477-4150 Télec.: (819) 477-6792

E
East-Angus (Succursale)
61, rue Laurier, East-Angus (Québec), J0B 1R0
Tél.: (819) 832-2443 Télec.: (819) 832-4635

F
Forestville (Succursale)
51, 2e Avenue, Forestville (Québec), G0T 1E0
Tel.: (418) 587-2288 Télec.: (418) 587-4956

G
Gaspé (CRHC)
Édifice Frederica-Giroux, 98, rue de la Reine, C.P. 980,
Gaspé (Québec), G0C 1R0
Tél.: (418) 368-3331 Télec.: (418) 368-5727

Gatineau (CRHC)
85, rue Bellehumeur, bureau 150, Gatineau (Québec), J8T 8B7
Tél.: (819) 568-4055 Télec.: (819) 561-2726

Granby (CRHC)
725, rue Principale, Granby (Québec), J2G 8J8
Tél.: (514) 378-0171 Télec.: (514) 378-5719

Grand-Mère (CRHC)
1397, 6e Avenue, Grand-Mère (Québec), G9T 5L1
Tél.: (819) 538-3384 Télec.: (819) 538-1105

H
Hull (CRHC)
Village Place Cartier, 425, boul. Saint-Joseph, C.P. 1500,
Hull (Québec), J8X 4A2
Tél.: (819) 953-2830 Télec.: (819) 953-0267

Hull Infocentre
290, boul. Saint-Joseph, Hull (Québec), J8Y 3Y3
Tél.: (819) 953-6117 et 1 (800) 788-9933

J

Joliette (CRHC)
399, rue Notre-Dame, Joliette (Québec), J6E 6H8
Tél.: (514) 756-1094 Télec.: (514) 756-2579

Jonquière (CRHC)
2489, rue Saint-Dominique, Jonquière (Québec), G7X 0A2
Tél.: (418) 542-8184 Télec.: (418) 542-6987

K

Kuujjuaraapik (Poste-de-la-Baleine) (Succursale)
C.P. 159, Kuujjuaraapik (Québec), J0M 1G0
Tél.: (819) 929-3552 Télec.: (819) 929-3576

L

La Baie (CRHC)
1013, rue Bagot, suite 101, La Baie (Québec), G7B 2N6
Télec.: (418) 544-2871 Télec.: (418) 544-1339

Lachute (CRHC)
505, rue Béthanie, bureau 113, Lachute (Québec), J8H 4A6
Tél.: (514) 562-3791 Télec.: (514) 562-1987

Lac-Mégantic (Succursale)
3560, rue Laval, Lac-Mégantic (Québec), G6B 2X4
Tél.: (819) 583-2200 Télec.: (819) 583-0944

La Malbaie (CRHC)
21, rue Patrick-Morgan, C.P. 3000,
La Malbaie (Québec), G5A 1T4
Tél.: (418) 665-3784 Télec.: (418) 665-7449

La Pocatière (CRHC)
Carrefour La Pocatière, 625, 1re Rue, bureau 175, C.P. 1090,
La Pocatière (Québec) G0R 1Z0
Tél.: (418) 856-2041 Télec.: (418) 856-3688

La Sarre (CHRC)
50, 5e Avenue Est, La Sarre (Québec), J9Z 1K6
Tél.: (819) 333-5444 Télec.: (819) 333-3612

La Tuque (CRHC)
375, rue Saint-Joseph, C.P. 370, la Tuque (Québec), G9X 3P3
Tél.: (819) 523-2781 Télec.: (819) 523-6028

Laval (CRHC)
1772, boul. Le Corbusier, Laval (Québec), H7S 2K1
Tél.: (514) 682-8932 Télec.: (514) 682-3856

Lévis (CRHC)
5500, boul. de la Rive Sud, C.P. 3300, Lévis (Québec), G6V 6X8
Tél.: (418) 833-8200 Télec.: (418) 833-8307

Longueuil (CRHC)
365, Saint-Jean, bureau 201, Longueuil (Québec), J4H 2X8
Tél.: (514) 677-9471 Télec.: (514) 677-2126

Louiseville (CRHC)
200, rue Saint-Augustin, C.P. 10, Louiseville (Québec), J5V 2L6
Tél.: (819) 228-2761 Télec.: (819) 228-3848

M
Magog (CRHC)
620, rue Sherbrooke, C.P. 2500, Magog (Québec), J1X 5B9
Tél.: (819) 843-3361 Télec.: (819) 843-5427

Maniwaki (CRHC)
116, rue King, Maniwaki (Québec), J9E 2L3
Tél.: (819) 449-4444 Télec.: (819) 449-7087

Matane (CRHC)
Galeries du Vieux Port, 750, avenue du Phare Ouest, bureau 200,
Matane (Québec) G4W 3W8
Tél.: (418) 562-2876 Télec.: (418) 562-9200

Mistissini (CRHC)
Mistissini Lake, Via Chibougamau (Québec), G0W 1C0
Tél.: (418) 923-3285 Télec.: (418) 923-3243

Mont-Joli (Succursale)
1564, boul. Jacques-Cartier, Mont-Joli (Québec), G5H 2V8
Tél.: (418) 775-8111 Télec.: (418) 775-6301

Mont-Laurier (CRHC)
530, boul. Dr Albiny-Paquette, Mont-laurier (Québec), J9L 3N5
Télec.: (819) 623-5811 Télec.: (819) 623-7113

Montmagny (CRHC)
115, avenue de la Gare, Montmagny (Québec), G5V 2T2
Tél.: (418) 248-1102 Télec.: (418) 248-4200

Montréal Atwater (CRHC)
4060, rue Sainte-Catherine Ouest, 4e étage,
Montréal (Québec), H3Z 2V6
Tél.: (514) 496-5258 Télec.: (514) 283-3178 ou (514) 496-4777

Montréal Centre-Ville (CRHC)
1001, boul. De Maisonneuve Est, 2e étage,
Montréal (Québec), H2L 5A1
Tél.: (514) 283-4444 Télec.: 283-6085

Montréal Est (CRHC)
7141, rue Jean-Talon Est, Montréal (Québec), H1M 3A4
Tél.: (514) 355-3330 Télec.: (514) 355-8914

Montréal Infocentre
715, rue Peel, 3e étage, suite 302, Montréal (Québec), H3C 4L7
Tél.: (514) 496-7364 Télec.: (514) 283-0304

Montréal Nord (CRHC)
1415, rue Jarry Est, 3e étage, Montréal (Québec), H2E 3B2
Tél.: (514) 723-7273 Télec.: (514) 723-6249

Montréal Sud-Ouest (CRHC)
8351, boul. Newman, Rez-de-chaussée,
LaSalle (Québec) H8N 1Y4
Tél.: (514) 365-9300 Télec.: (514) 363-9059

Montréal Laurier (CRHC)
5105, rue De Gaspé, 5e étage, Montréal (Québec), H2T 2A1
Tél.: (514) 495-2696 Télec.: (514) 273-4620

Montréal Centre-Est (CRHC)
5100, rue Sherbrooke Est, bureau 180,
Montréal (Québec), H1V 3T3
Tél.: (514) 255-9113 Télec.: (514) 255-3545

Montréal Nord-Ouest (CRHC)
774, boul. Décarie, 2e étage, Saint-Laurent (Québec), H4L 5H7
Tél.: (514) 748-5717 Télec.: (514) 748-7599

Montréal Papineau (CRHC)
9675, rue Papineau, bureau 140, Montréal (Québec), H2B 3C8
Tél.: (514) 389-8021 Télec.: (514) 389-5065

Montréal Ouest (CRHC)
181, boul. Hymus, 1er étage, Pointe-Claire (Québec), H9R 5P4
Tél.: (514) 695-9311 Télec.: (514) 695-0039

N
New Richmond (CRHC)
Carrefour Baie-des-Chaleurs, 120, boul. Perron Ouest,
New Richmond (Québec), G0C 2B0
Tél.: (418) 392-4431 Télec.: (418) 392-4346

P
Port-Cartier (Succursale)
Place Saint-Louis, 2, rue Élie-Rochefort,
Port-Cartier (Québec), G5B 2N2
Tél.: (418) 766-5935 Télec.: (418) 766-4610

Portneuf à Donnacona (CRHC)
199, route 138, Donnacona (Québec), G0A 1T0
Tél.: (418) 285-3301 Télec.: (418) 285-2652

Q
Québec Centre-Ville (CRHC)
190, rue Dorchester Sud, Québec (Québec), G1K 5Y9
Tél.: (418) 529-8792 Télec.: (418) 529-6519

Québec Infocentre
2014, boul. Charest Ouest, 2e étage,
Sainte-Foy (Québec), G1N 4N6
Tél.: (418) 648-7263

Québec La Capitale (CRHC)
5300, boul. des Galeries, bureau 100, Québec (Québec), G2K 2A2
Tél.: (418) 627-4414 Télec.: (418) 627-3737

R
Repentigny (CRHC)
577, rue Notre-Dame, Repentigny (Québec), J6A 7G5
Tél.: (514) 585-2044 Télec.: (514) 585-2180

Restigouche (Succursale)
(Sous-bureau de New Richmond - 2446)
Tél.: (418) 788-5171

Richmond (Succursale)
15, rue Carpenter, Richmond (Québec), J0B 2H0
Tél.: (819) 826-3729 Télec.: (819) 826-6428

Rimouski (CRHC)
140, avenue Belzile, Rimouski (Québec), G5L 8Y1
Tél.: (418) 722-3209 Télec.: (418) 722-3369

Rivière-du-Loup (CRHC)
298, boul. Thériault, 2e étage,
Rivière-du-Loup (Québec), G5R 1L8
Tél.: (418) 862-9510 Télec.: (418) 862-1923

Roberval (CRHC)
755, boul. Saint-Joseph, 1er étage, bureau 201,
Roberval (Québec) G8H 2L4
Tél.: (418) 275-0361 Télec.: (418) 275-6722

Rouyn-Noranda (CRHC)
151, avenue du Lac, bureau 300,
Rouyn-Noranda (Québec), J9X 6C3
Tél.: (819) 764-6711 Télec.: (819) 764-9722

S
Sacré-Cœur (Succursale)
144, rue Principale Nord, Comté Dubuc,
Sacré-Cœur (Québec), G0T 1Y0
Tél.: (418) 236-4628 Télec.: (418) 236-9208

Saint-Eustache (CRHC)
367, boul. Arthur-Sauvé, Saint-Eustache (Québec), J7P 2B1
Tél.: (514) 473-1220 Télec.: (514) 473-9020

Saint-Hubert (CRHC)
5245, boul. Cousineau, suite 300,
Saint-Hubert (Québec), J3Y 7Z1
Tél.: (514) 445-1400 Télec.: (514) 445-5760

Saint-Hyacinthe (CRHC)
775, rue Saint-Dominique, C.P. 2500,
Saint-Hyacinthe (Québec), J2S 7P7
Tél.: (514) 773-7481 Télec.: (514) 773-8276

Saint-Jean (CRHC)
315, rue MacDonald, bureau 200, C.P. 1020,
Saint-Jean (Québec), J3B 7J7
Tél.: (514) 348-0961 Télec.: (514) 348-5303

Saint-Jérôme (CRHC)
222, rue Saint-Georges, 2e étage, Saint-Jérôme (Québec), J7Z 4Z9
Tél.: (514) 436-4230 Télec.: (514) 436-7886

Sainte-Agathe (CRHC)
118, rue Principale, Sainte-Agathe (Québec), J8C 1K1
Tél.: (819) 326-4300 Télec.: (819) 326-6205

Sainte-Anne-des-Monts (CRHC)
119, 3e Avenue Ouest, C.P. 3000,
Sainte-Anne-des-Monts (Québec), G0E 2G0
Tél.: (418) 763-3305 Télec.: (418) 763-7414

Sainte-Foy (CRHC)
1175, rue Lavigerie, 2e étage, Place d'Iberville II,
Sainte-Foy (Québec), G1V 4P1
Tél.: (418) 654-3024 Télec.: (418) 649-6467

Sainte-Marie-de-Beauce (Succursale)
1055, boul. Vachon Nord,
Sainte-Marie-de-Beauce (Québec), G6E 1M4
Tél.: (418) 228-8806 Télec.: (418) 387-6812

Sainte-Thérèse (CRHC)
212, boul. Curé-Labelle, Sainte-Thérèse (Québec), J7E 1X2
Tél.: (514) 430-2800 Télec.: (514) 430-5885

Senneterre (Succursale)
273, 3e Rue Ouest, C.P. 218, Senneterre (Québec), J0Y 2M0
Tél.: (819) 737-2377 Télec.: (819) 737-8872

Sept-Îles (CRHC)
701, boul. Laure, 3e étage, Sept-Îles (Québec), G4R 1X8
Tél.: (418) 962-5501 Télec.: (418) 962-5051

Shawinigan (CRHC)
395, avenue de la Station, C.P. 438,
Shawinigan (Québec), G9N 7J7
Tél.: (819) 536-5633 Télec.: (819) 536-7063

Sherbrooke (CRHC)
124, rue Wellington Nord, C.P. 340,
Sherbrooke (Québec), J1H 5X8
Tél.: (819) 564-5864

Sherbrooke Infocentre
Édifice Banque Royale, Place des congrès, 2665, rue King Ouest,
suite 500, Sherbrooke (Québec), J1L 2G5
Tél.: (819) 564-5985

Sorel (CRHC)
60, rue Elisabeth, Sorel (Québec), J3P 5N8
Tél.: (514) 743-0051 Télec.: (514) 743-8338

T
Terrebonne (CRHC)
2251, chemin Gascon, Lachenaie (Québec), J6X 4H3
Tél.: (514) 471-3722 Télec.: (514) 471-2417

Thetford-Mines (CRHC)
222, boul. Smith, bureau 200,
Thetford-Mines (Québec), G6G 6N7
Tél.: (418) 335-2972 Télec.: (418) 335-3715

Trois-Rivières (CRHC)
55, rue Des Forges, bureau 012,
Trois-Rivières (Québec), G9A 6A8
Tél.: (819) 379-3900 Télec.: (819) 371-5245

Trois-Rivières Infocentre
25, rue des Forges, bureau 313, Trois-Rivières (Québec) G9A 6A7
Tél.: (819) 379-1047 Télec.: (819) 379-5113

V
Val D'Or (CRHC)
1315, 3e Avenue, Val D'Or (Québec), J9P 1V4
Tél.: (819) 825-5640 Télec.: (819) 825-4444

Valleyfield (CRHC)
30, avenue du Centenaire, bureau 200,
Valleyfield (Québec), J6S 5G4
Tél.: (514) 373-6220 Télec.: (514) 373-2356

Vaudreuil-Dorion (CRHC)
555-C, avenue Saint-Charles,
Vaudreuil-Dorion (Québec), J7V 8W1
Tél.: (514) 424-5717 Télec.: (514) 424-0506

Verdun (CRHC)
4110, rue Wellington, bureau 304, Verdun (Québec), H4G 1V7
Tél.: (514) 769-4501 Télec.: (514) 496-6986

Victoriaville (CRHC)
359, boul. Bois-Francs S., Victoriaville (Québec), G6P 9N6
Tél.: (819) 758-0551 Télec.: (819) 758-7809

Ville-Marie (Succursale)
18, rue Notre-Dame-De-Lourdes, C.P. 758,
Ville-Marie (Québec), J0Z 3W0
Tél.: (819) 629-2757 Télec.: (819) 629-3496

W
Waterloo (CRHC)
5376, rue Foster, C.P. 1520, Waterloo (Québec), J0E 2N0
Tél.: (514) 539-2838

2.1 A) Les clubs de recherche d'emploi

Les clubs de recherche d'emploi font partie des services d'aide à l'emploi des CRHC. Les clubs offrent 2 programmes.
— Le programme Clubs de recherche d'emploi (CRE): session de 3 semaines de recherche active.
— Le programme stratégie de recherche d'emploi (SRE): session de 15 heures sur 3 jours (quand le nombre de participants le justifie).
Voici la liste des clubs de recherche d'emploi:

Montréal

Club de recherche d'emploi Montréal Centre-Ville
1100, rue Bleury, 2e étage, Montréal (Québec), H2Z 1N4
Tél.: (514) 875-5807 Télec.: (514) 875-5492

Club de recherche d'emploi Accès-Travail
4262, rue Sainte-Catherine Est, 3e étage,
Montréal (Québec), H1V 1X6
Tél.: (514) 259-4690 Télec.: (514) 259-3612

Club Travail sans frontières
15, avenue du Mont-Royal Ouest, bureau 200,
Montréal (Québec), H2T 2R9
Tél.: (514) 849-9903 Télec.: (514) 449-1819

Club de recherche d'emploi 40 ans et +
4377, rue Notre-Dame Ouest, 2e étage,
Montréal (Québec), H4C 1R9
Tél.: (514) 937-8998 Télec.: (514) 937-7529

Club de recherche d'emploi Côte-des-Neiges
3600, avenue Barclay, bureau 421, Montréal (Québec), H3S 1K5
Tél.: (514) 733-3026 Télec.: (514) 733-7120

Club de recherche d'emploi Montréal Centre Nord
(CREMCN) inc.
75, rue Port Royal Est, bureau 520, Montréal (Québec), H3L 3T1
Tél.: (514) 858-6611 Télec.: (514) 858-6613

Club de recherche d'emploi de l'Est
6025, rue Jean-Talon Est, bureau 320,
Montréal (Québec), H1S 1M6
Tél.: (514) 256-1645 Télec.: (514) 256-8186

Accueil liaison pour arrivants (ALPA)
1490, avenue de LaSalle, Montréal (Québec), H1V 2J5
Tél.: (514) 255-1348, Télec.: (514) 255-6455

Club de recherche d'emploi de Lachine (Le Relais)
1024, rue Notre-Dame, Lachine (Québec), H8S 2C2
Tél.: (514) 637-3353 Télec.: (514) 637-1868

Centre de recherche d'emploi de Pointe-Claire
181, boul. Hymus, bureau 202, Pointe-Claire (Québec), H9R 5P4
Tél.: (514) 697-1500 Télec.: (514) 697-0293

Laval Laurentides Lanaudière

Club de Placement Lanaudière
579-A, rue Notre-Dame, bureau 101,
Repentigny (Québec), J6A 7L4
Tél.: (514) 654-9612 Télec.: (514) 654-2654
Joliette: (514) 752-2303
Terrebonne: (514) 492-4104

Club de recherche d'emploi Laurentides Lanaudière Laval
336, rue Labelle, 2e étage, Saint-Jérôme (Québec) J7V 5L3
Tél.: (514) 431-0028/1-800-363-2499 Télec.: (514) 432-8647

Centre d'Intervention Basses-Laurentides pour l'Emploi (CIBLE)
25, rue Saint-Joseph, bureau 215, Sainte-Thérèse (Québec), J7E 4X5
Tél.: (514) 435-5462 Télec.: (514) 435-9529
Saint-Eustache: (514) 623-7231

Montérégie

Club de recherche d'emploi de Saint-Hyacinthe inc.
975, avenue Du Palais, C.P. 8, Saint-Hyacinthe (Québec), J2S 5C6
Tél.: (514) 771-6611 Télec.: (514) 774-8800

Club de recherche d'emploi de Châteauguay
98, rue Saint-Jean-Baptiste, Châteauguay (Québec), J6K 3A6
Tél.: (514) 699-4545 ligne de Montréal Télec.: (514) 699-1175

Club de recherche d'emploi du Sud-Ouest (CRESO)
77, rue Sainte-Cécile, Valleyfield (Québec), J6T 1L9
Tél.: (514) 377-4889 Télec.: (514) 377-5199

Club de recherche d'emploi Haute-Yamaska/Brome-Missisquoi
391, rue Principale, bureau 111, Granby (Québec), J2G 2W7
Tél.: (514) 378-4211 Télec.: (514) 378-5543

Club de recherche d'emploi Sorel-Tracy
26, Place Charles de Montmagny, Sorel (Québec), J3P 7E3
Tél.: (514) 746-2525 Télec.: (514) 746-1800

Club de recherche d'emploi de Longueuil
81, rue Saint-Jean, bureau 200, Longueuil (Québec), J4H 2W8
Tél.: (514) 442-2367 Télec.: (514) 646-9060

Estrie

Club de recherche d'emploi de l'Estrie
234, rue Dufferin, suite 410, Sherbrooke (Québec), J1H 4M2
Tél.: (819) 563-9111 Télec.: (819) 563-5414

Québec

Groupe Intégration Travail
245, rue Soumande, local 280, Vanier (Québec), G1M 3H6
Tél.: (418) 686-1888 Télec.: (418) 686-3834

Passage-Travail Rive-Sud
39-B, route Kennedy, Lévis (Québec), G6V 6C3
Tél.: (418) 833-7122 Télec.: (418) 833-1185
Charny: Tél.: (418) 832-0088 Télec.: (418) 832-7573

Club de recherche d'emploi de Thetford-Mines inc.
21, rue Notre-Dame Nord, Thetford-Mines (Québec), G6G 2J6
Tél.: (418) 335-2961 Télec.: (418) 335-2665

Club de recherche d'emploi Beauce-Etchemins
170, rue du Parc, C.P. 1272, Saint-Joseph (Québec), G0S 2V0
Tél.: (418) 397-5040 Télec.: (418) 397-5348

Bas Saint-Laurent

Tremplin Travail
16, rue Du Pont, C.P. 507, Amqui (Québec), G0J 1B0
Tél.: (418) 629-2572 Télec.: (418) 629-2973

Club de recherche d'emploi de Matane
750, rue Du Phare Ouest, bureau 210, Matane (Québec), G4W 3W8
Tél.: (418) 566-6407 Télec.: (418) 562-9200

Club de recherche d'emploi du KRTB à Rivière-du-Loup
176, rue Lafontaine, bureau 300,
Rivière-du-Loup (Québec) G5R 3A5
Tél.: (418) 867-8685 Télec.: (418) 867-5632

Club de recherche d'emploi de Rimouski
135, des Gouverneurs, bureau 102, Rimouski (Québec), G5L 7R2
Tél.: (418) 722-8747 Télec.: (418) 722-7397

Saguenay-Lac Saint-Jean

Club de recherche d'emploi Alma,
100, rue Saint-Joseph, Alma (Québec), G8B 7A6
Tél.: (418) 668-5092 Télec.: 668-8220

2.1 B) Les projets-Extension

Les projets-Extension font également partie des services d'aide à l'emploi. Il s'agit d'organisme d'aide à la recherche d'emploi dont les programmes sont adaptés aux besoins de clientèles particulières.

NOM DE L'ORGANISME	GROUPE DÉSIGNÉ
Québec	
L'Arbre	Handicapés mentaux
Jonathan	Femmes
Module Jeunes Travailleurs	Jeunes
La Croisée	Handicapés physiques
Centre d'extension de main-d'œuvre	Régions éloignées
La Jonction	Ex-détenus
Saguenay/Lac Saint-Jean	
Service Relance	Ex-détenus
Service de main-d'œuvre Pointe Bleue	Autochtones

NOM DE L'ORGANISME	GROUPE DÉSIGNÉ
Bas Saint-Laurent	
Trans-Action	Régions éloignées
Service d'emploi «TEM-RI»	Régions éloignées
Transition Plus	Travailleurs âgés
Gaspésie	
Centre de main-d'œuvre	
Jeunesse Chaleurs	Jeunes
Transit 16-30	Jeunes
Estrie	
Centre de main-d'œuvre Opex	Ex-détenus
Abitibi-Témiscamingue	
Laval/Laurentides/Lanaudière	
Service d'emploi Le Démarrage	Jeunes
Service de M.O. de Manaouane	Autochtones
Côte-Nord	
Serv. de M.O. de Schefferville	Autochtones
Serv. de M.O. de la Romaine	Autochtones
Serv. de M.O. de Natashquan	Autochtones
Serv. de M.O. de Mingan	Autochtones
Kawawachikamach Outreach Services	Autochtones
Extension Basse Côte-Nord	Régions éloignées
Serv. emp. Moyenne Côte-Nord	Régions éloignées
Extension Fermont	Régions éloignées
Serv. de M.O. de Paki Shipi	Autochtones
Montérégie	
Carrefour Le Moutier	Travailleurs âgés
	Immigrants
Outaouais	
Serv. de M.O. aux Métis et	
Indiens sans statut	Autochtones
Centre placement spécialisé de Portage	Ex-détenus
Conseil Interculturel de l'Outaouais	Immigrants

NOM DE L'ORGANISME	GROUPE DÉSIGNÉ
Montréal	
Ass. des paraplégiques du Québec	Handicapés physiques
Centre d'orientation Juif	Travailleurs âgés
S.A.N.Q.I.	Immigrants
Opex (Via-Travail Inc.)	Ex-détenus
Montreal Association for the Blind	Handicapés
J.V.S. Supported Employment Program	Handicapés
Mauricie/Bois-Francs	
Partance	Femmes
Serv. de M.O. Weymontachie	Autochtones
Serv. de M.O. d'Obedjiwan	Autochtones

2.2 LES CENTRES TRAVAIL-QUÉBEC

Travail-Québec est le réseau du ministère de la Sécurité du revenu du Québec. Les Centres Travail-Québec administrent l'aide financière de dernier recours offerte aux individus et aux familles, en plus d'offrir à leur clientèle, différentes activités susceptibles de les aider à intégrer le marché du travail. Les principales activités des Centres Travail-Québec concernent:
— Le programme d'aide et d'intégration à l'emploi (PAIE)
— Le rattrapage scolaire
— Les stages en milieu de travail
— Le retour aux études post-secondaires pour les chefs de famille monoparentales

D'autres mesures visant à développer l'employabilité des prestataires peuvent être offertes grâce à différents fonds gérés par les CTQ. Il existe plus de 130 Centres Travail-Québec répartis dans les diverses régions de la Province.

Vous en trouverez la liste dans les pages qui suivent de même que la liste des clubs de recherche d'emploi spécialisés (SEMO).

Région Bas Saint-Laurent

Direction régionale Travail-Québec
Ministère de la Sécurité du revenu, 337, rue Moreault, bureau 26,
Rimouski (Québec), G5L 1P4
Tél.: (418) 727-3758 Télec.: (418) 727-3809

CTQ de La Pocatière

Ministère de la Sécurité du revenu, 901, 5e Rue, C.P. 1210,
La Pocatière (Québec), G0R 1Z0
Tél.: (418) 856-2752 Télec.: (418) 856-1629

CTQ de Matane
Ministère de la Sécurité du revenu, 159, rue Saint-Pierre,
Matane (Québec) G4W 2B8
Tél.: (418) 562-0893 Télec.: (418) 562-7918

CTQ de Rimouski
Ministère de la Sécurité du revenu, 337, rue Moreault, bureau 27,
Rimouski (Québec), G5L 1P4
Tél.: (418) 727-3661 Télec.: (418) 727-3975

CTQ de Rivière-du-Loup
Ministère de la Sécurité du revenu, 75, rue Hôtel-de-Ville,
C.P. 200, Rivière-du-Loup (Québec), G5R 5E3
Tél.: (418) 862-7236 Télec.: (418) 862-7604

CTQ d'Amqui
Ministère de la Sécurité du revenu, 49, boul. Saint-Benoit Sud,
C.P. 1390, Amqui (Québec), G0J 1B0
Tél.: (418) 629-2225 Télec.: (418) 629-1926

CTQ de Cabano
Ministère de la Sécurité du revenu, 237, rue Commerciale,
C.P. 310, Cabano (Québec), G0L 1E0
Tél.: (418) 854-2544 Télec.: (418) 854-0857

CTQ de Mont-Joli
Ministère de la Sécurité du revenu, 42, rue Doucet, 1er étage,
Mont-Joli (Québec), G5H 1R4
Tél.: (418) 775-7246 Télec.: (418) 775-9581

CTQ de Trois-Pistoles
Ministère de la Sécurité du revenu, 634, rue Richard, C.P. 310,
Trois-Pistoles (Québec), G0L 4K0
Tél.: (418) 851-1432 Télec.: (418) 851-3926

Région Saguenay-Lac Saint-Jean

Direction régionale Travail-Québec
Ministère de la Sécurité du revenu, 227, rue Racine Est, suite 401,
Chicoutimi (Québec), G7H 7B4
Tél.: (418) 698-3721 Télec.: (418) 698-3607

CTQ de Chicoutimi
Ministère de la Sécurité du revenu, 237, avenue Riverin,
Chicoutimi (Québec), G7H 7W7
Tél.: (418) 698-3592 Télec.: (418) 698-3621

CTQ de Jonquière
Ministère de la Sécurité du revenu,
3885, boul. Harvey, Place Saint-Michel, 1er étage, bureau 303,
Jonquière (Québec), G7X 9B1
Tél.: (418) 695-7898 Télec.: (418) 695-7996

CTQ d'Alma
Ministère de la Sécurité du revenu, 725, boul. Harvey Ouest,
2e étage, Alma (Québec), G8B 1P5
Tél.: (418) 668-5281 Télec.: (418) 669-2047

CTQ de Dolbeau
Ministère de la Sécurité du revenu, 1500, rue des Érables, C.P. 40,
Dolbeau (Québec), G8L 2P9
Tél.: (418) 276-3560 Télec.: (418) 276-9531

CTQ de Roberval
Ministère de la Sécurité du revenu, 797, boul. Saint-Joseph,
Roberval (Québec), G8H 2L4
Tél.: (418) 275-3742 Télec.: (418) 275-6496

CTQ de La Baie
Ministère de la Sécurité du revenu, 993, rue Bagot, bureau 201,
La Baie (Québec), G7B 2N6
Tél.: (418) 544-3378 Télec.: (418) 544-0008

CTQ de Chibougamau
Ministère de la Sécurité du revenu, 373, 3e Rue, bureau 1,
Chibougamau (Québec), G8P 1N4
Tél.: (418) 748-7643 Télec.: (418) 748-2177

Région de Québec

Direction régionale Travail-Québec
Ministère de la Sécurité du revenu, 4500, boul. Henri-Bourassa,
1er étage, Charlesbourg (Québec), G1H 3A5
Tél.: (418) 643-6875 Télec.: (418) 646-5456

CTQ de Charlesbourg
Ministère de la Sécurité du revenu, 8500, boul. Henri-Bourassa,
bureau 250, Charlesbourg (Québec), G1G 5X4
Tél.: (418) 623-5426 Télec.: (418) 644-2193

CTQ de Beauport
Ministère de la Sécurité du revenu, 773, avenue Royale, 1er étage,
Beauport (Québec), G1E 1Z1
Tél.: (418) 661-3438 Télec.: (418) 660-4283

CTQ de Duberger
Ministère de la Sécurité du revenu, 2725, rue Lafrance, 1er étage,
Québec (Québec), G1P 3N4
Tél.: (418) 687-4275 Télec.: (418) 643-9077

CTQ de Limoilou
Ministère de la Sécurité du revenu, 135, rue des Chênes Ouest,
Québec (Québec), G1L 1K6
Tél.: (418) 628-0004 Télec.: (418) 644-2403

CTQ de Donnacona
Ministère de la Sécurité du revenu, 100, route 138, bureau 220,
Donnacona (Québec), G0A 1T0
Tél.: (418) 285-2622 Télec.: (418) 285-4717

CTQ Jacques-Cartier
Ministère de la Sécurité du revenu, 400, boul. Jean-Lesage,
5e étage, Québec (Québec), G1K 8W1
Tél.: (418) 643-3300 Télec.: (418) 644-1987

CTQ Salaberry
Ministère de la Sécurité du revenu, 2050, boul. René-Lévesque
Ouest, 2e étage, Sainte-Foy (Québec), G1V 2K8
Tél.: (418) 643-9774 Télec.: (418) 644-2429

CTQ de Sainte-Foy
Ministère de la Sécurité du revenu, 2700, boul. laurier, 3e étage,
Sainte-Foy (Québec), G1V 2L8
Tél.: (418) 646-8066 Télec.: (418) 644-1511

CTQ de Baie-Saint-Paul
Ministère de la Sécurité du revenu, 13, rue Saint-Jean-Baptiste,
bureau 210, C.P. 339, Baie-Saint-Paul (Québec), G0A 1B0
Tél.: (418) 435-5610 Télec.: (418) 435-6766

CTQ de Charlevoix
Ministère de la Sécurité du revenu, 515, rue Saint-Étienne,
C.P. 338, La Malbaie (Québec), G5A 1T8
Tél.: (418) 665-4491 Télec.: (418) 665-2757

Région Mauricie Bois-Francs

Direction régionale Travail-Québec
Ministère de la Sécurité du revenu, 225, rue des Forges,
bureau 320, Trois-Rivières (Québec), G9A 5Z5
Tél.: (819) 371-6422 Télec.: (819) 371-6994

CTQ de Drummondville
Ministère de la Sécurité du revenu, 400, rue Saint-Georges,
bureau 101, Drummondville (Québec), J2C 4H4
Tél.: (819) 475-8431 Télec.: (819) 475-8462

CTQ de Trois-Rivières
Ministère de la Sécurité du revenu, 225, rue des Forges,
bureau 4.10, 4e étage, Trois-Rivières (Québec), G9A 2G7
Tél.: (819) 371-6891 Télec.: (819) 371-6649

CTQ de Victoriaville
Ministère de la Sécurité du revenu, 62, rue Saint-Jean-Baptiste,
1er étage, Victoriaville (Québec), G6P 4E3
Tél.: (819) 758-8241 Télec.: (819) 751-2746

CTQ de Shawinigan
Ministère de la Sécurité du revenu, 212, 6e Rue, bureau 1.17,
Shawinigan (Québec), G9N 8N5
Tél.: (819) 536-2601 Télec.: (819) 537-1934

CTQ de Nicolet
Ministère de la Sécurité du revenu, 150, rue Éloi-de-Grandmont,
2e étage, Nicolet (Québec), J3T 1S5
Tél.: (819) 293-4501 Télec.: (819) 293-6186

CTQ de Cap-de-la-Madeleine
Ministère de la Sécurité du revenu, 430, rue Saint-Laurent,
bureau 101, Cap-de-la-Madeleine (Québec), G8T 9K8
Tél.: (819) 371-6031 Télec.: (819) 371-6613

CTQ de Louiseville
Ministère de la Sécurité du revenu, 511, avenue Marcel,
Louiseville (Québec), J5V 1N1
Tél.: (819) 228-9465 Télec.: (819) 228-8893

CTQ de Grand-Mère
Ministère de la Sécurité du revenu, 445, 5e Avenue, R.C.,
bureau 01, Grand-Mère (Québec), G9T 2M3
Tél.: (819) 538-0762 Télec.: (819) 533-4985

CTQ de La Tuque
Ministère de la Sécurité du revenu, 290, rue Saint-Joseph,
La Tuque (Québec), G9X 3Z8
Tél.: (819) 523-9541 Télec.: (819) 523-7727

CTQ de Bécancour
Ministère de la Sécurité du revenu, 3691, boul. Bécancour,
bureau 3, C.P. 760, Gentilly (Québec), G0X 1G0
Tél.: (819) 298-3000 Télec.: (819) 298-3881

Région Estrie

Direction régionale Travail-Québec
Ministère de la Sécurité du revenu, 200, rue Belvédère Nord,
R.C. 10, Sherbrooke (Québec), J1H 4A9
Tél.: (819) 820-3760 Télec.: (819) 820-3977

CTQ d'Asbestos
Ministère de la Sécurité du revenu, 240, rue Brown,
Asbestos (Québec), J1T 3M4
Tél.: (819) 879-4646 Télec.: (819) 879-4180

CTQ de Lac-Mégantic
Ministère de la Sécurité du revenu, 5527, rue Frontenac,
bureau 111, Lac-Mégantic (Québec), G6B 1H6
Tél.: (819) 583-1556 Télec.: (819) 583-2683

CTQ de Sherbrooke-Est
Ministère de la Sécurité du revenu, 740, rue Galt Ouest, 3e étage,
Sherbrooke (Québec), J1H 1Z3
Tél.: (819) 562-4943 Télec.: (819) 820-3211

CTQ de Sherbrooke-Ouest
Ministère de la Sécurité du revenu, 2130, rue King Ouest,
Sherbrooke (Québec), J1J 4P2
Tél.: (819) 820-3418 Télec.: (819) 820-3212

CTQ de Windsor
Ministère de la Sécurité du revenu, 43, rue Saint-Georges,
Windsor (Québec), J1S 1J2
Tél.: (819) 845-7775 Télec.: (819) 845-4999

CTQ de Magog
Ministère de la Sécurité du revenu, 1700, rue Sherbrooke,
bureau 225, Niveau 2, Magog (Québec), J1X 5B4
Tél.: (819) 843-4030 Télec.: (819) 868-1722

CTQ d'East-Angus
Ministère de la Sécurité du revenu, 120, rue Angus Nord,
C.P. 610, East-Angus (Québec), J0B 1R0
Tél.: (819) 832-2237 Télec.: (819) 832-4478

Région de Montréal

Direction de la sécurité du revenu
Ville de Montréal, 1125, rue Ontario Est, 2e étage,
Montréal (Québec), H2L 1R2
Tél.: (514) 872-4940 Télec.: (514) 872-6020

CTQ Lorimier
Ministère de la Sécurité du revenu, 3415, rue Hogan,
Montréal (Québec), H2K 2T7
Tél.: (514) 872-6480 Télec.: (514) 872-6748

CTQ Iberville
Ministère de la Sécurité du revenu, 5656, rue d'Iberville,
Montréal (Québec), H2G 2B3
Tél.: (514) 872-6550 Télec.: (514) 872-1993

CTQ Rivière-des-Prairies
Ministère de la Sécurité du revenu, 7355, rue René-Descartes,
Montréal (Québec), H1E 1K6
Tél.: (514) 872-4969 Télec.: (514) 872-7187

CTQ Sainte-Marie
Ministère de la Sécurité du revenu,
1260, rue Sainte-Catherine Est, 3e étage,
Montréal (Québec), H2L 2H2
Tél.: (514) 872-2326 Télec.: (514) 872-7188

CTQ Maisonneuve
Ministère de la Sécurité du revenu,
3890, rue Sainte-Catherine Est, 1er étage,
Montréal (Québec), H1W 2G4
Tél.: (514) 872-5112 Télec.: (514) 872-1995

CTQ Villeray
Ministère de la Sécurité du revenu,
6300, avenue du Parc, bureau 302, Montréal (Québec), H2V 4H8
Tél.: (514) 872-4434 Télec.: (514) 872-7690

CTQ Hochelaga
Ministère de la Sécurité du revenu,
3910, rue Sainte-Catherine Est, Montréal (Québec), H1W 2G4
Tél.: (514) 872-3100 Télec.: (514) 872-6749

CTQ Mercier
Ministère de la Sécurité du revenu,
8255, rue Notre-Dame Est, Montréal (Québec), H1L 6R5
Tél.: (514) 872-4747 Télec.: (514) 872-6747

CTQ des Nouveaux-Arrivants
Ministère de la Sécurité du revenu,
55, rue De Port-Royal Est, Montréal (Québec), H3L 3T1
Tél.: (514) 872-8838 Télec.: (514) 872-0728

CTQ Crémazie
Ministère de la Sécurité du revenu,
1415, rue Jarry Est, bureau 200, Montréal (Québec), H2E 3B4
Tél.: (514) 872-5500 Télec.: (514) 872-6869

CTQ Ahuntsic
Ministère de la Sécurité du revenu, 1805, rue Sauvé Ouest,
3e étage, Montréal (Québec), H4N 3B8
Tél.: (514) 872-4949 Télec.: (514) 872-1987

CTQ Marie-Victorin
Ministère de la Sécurité du revenu, 4994, rue Beaubien Est,
1er étage, Montréal (Québec), H1T 1V4
Tél.: (514) 872-5005 Télec.: (514) 872-7689

CTQ Saint-Michel
Ministère de la Sécurité du revenu, 7752, rue Léonard-de-Vinci,
bureau 100, Montréal (Québec), H2A 2P6
Tél.: (514) 872-5050 Télec.: (514) 872-1989

CTQ Pointe-aux-Trembles
Ministère de la Sécurité du revenu, 13301, rue Sherbrooke Est,
bureau 100, Montréal (Québec), H1A 1C2
Tél.: (514) 872-7524 Télec.: (514) 872-1991

CTQ Saint-Louis
Ministère de la Sécurité du revenu, 4584, rue Saint-Denis,
4e étage, Montréal (Québec), H2J 2L3
Tél.: (514) 872-4922 Télec.: (514) 872-7138

CTQ Saint-Alexandre
Ministère de la Sécurité du revenu,
1004, rue Saint-Antoine Ouest, Montréal (Québec), H3C 3R7
Tél.: (514) 872-4310 Télec.: (514) 872-8929

CTQ Ville Émard
Ministère de la Sécurité du revenu,
5524, rue Saint-Patrick, R.C., Montréal (Québec), H4E 4M8
Tél.: (514) 872-6600 Télec.: (514) 872-8151

CTQ Pointe-Saint-Charles
Ministère de la Sécurité du revenu,
1880, rue Centre, Montréal (Québec), H3K 1H9
Tél.: (514) 872-6426 Télec.: (514) 872-1988

CTQ Côte-des-Neiges
Ministère de la Sécurité du revenu,
5950, Côte-des-Neiges, 4e étage, Montréal (Québec), H3S 1Z6
Tél.: (514) 872-6530 Télec.: (514) 872-8152

CTQ Notre-Dame-de-Grâce
Ministère de la Sécurité du revenu,
3285, boul. Cavendish, bureau 200, Montréal (Québec), H4B 2L9
Tél.: (514) 872-5180 Télec.: (514) 872-7139

CTQ Fleury
Ministère de la Sécurité du revenu,
10794, rue Lajeunesse, Montréal (Québec), H3L 2E8
Tél.: (514) 872-5000 Télec.: (514) 872-9913

CTQ Parc Extension
Ministère de la Sécurité du revenu,
7077, avenue du Parc, bureau 101, Montréal (Québec), H3N 1X7
Tél.: (514) 872-3188 Télec.: (514) 872-9568

Région Outaouais

Direction régionale Travail-Québec
Ministère de la Sécurité du revenu, 170, rue de l'Hôtel de Ville,
4e étage, bureau 4.110 A, Hull (Québec), J8X 4C2
Tél.: (819) 772-3035 Télec.: (819) 772-3987

CTQ de Gatineau
Ministère de la Sécurité du revenu,
394, boul. Maloney Ouest, Gatineau (Québec), J8P 7Z5
Tél.: (819) 663-7714 Télec.: (819) 643-3179

CTQ de Hull
Ministère de la Sécurité du revenu,
920, boul. Saint-Joseph, Hull (Québec) J8Z 1S9
Tél.: (819) 595-8865 Télec.: (819) 772-3353

CTQ d'Aylmer
Ministère de la Sécurité du revenu, 115, rue Principale,
bureau 301, Place des Pionniers, Aylmer (Québec), J9H 3M2
Tél.: (819) 682-0362 Télec.: (819) 682-8091

CTQ de Maniwaki
Ministère de la Sécurité du revenu,
100, rue Principale Sud, bureau 240, Maniwaki (Québec), J9E 3L4
Tél.: (819) 449-4284 Télec.: (819) 449-7362

CTQ de Buckingham
Ministère de la Sécurité du revenu, 154, rue MacLaren Est,
Buckingham (Québec), J8L 1K4
Tél.: (819) 986-8596 Télec.: (819) 281-3024

CTQ de Cambell's Bay
Ministère de la Sécurité du revenu, rue Elsie, C.P. 148
Campbell's Bay (Québec), J0X 1K0
Tél.: (819) 648-2132 Télec.: (819) 648-5749

Région de l'Abitibi-Témiscamingue Nouveau-Québec

Direction régionale Abitibi-Témiscamingue/Nouveau-Québec
Ministère de la Sécurité du revenu, 19, rue Perreault Ouest,
bureau 420, Rouyn-Noranda (Québec), J9X 6N5
Tél.: (819) 762-6526 Télec.: (819) 797-9838

CTQ de Rouyn-Noranda
Ministère de la Sécurité du revenu, 180, boul. Rideau, R.C.,
bureau 01, Rouyn-Noranda (Québec), J9X 1N9
Tél.: (819) 764-9583 Télec.: (819) 764-9590

CTQ de La Sarre
Ministère de la Sécurité du revenu, 655, 2e Rue Est,
La Sarre (Québec), J9Z 2Y9
Tél.: (819) 333-5501 Télec.: (819) 333-3261

CTQ de Val d'Or
Ministère de la Sécurité du revenu, 186, rue Perreault,
Val d'Or (Québec), J9P 2H5
Tél.: (819) 825-6842 Télec.: (819) 825-9105

CTQ d'Amos
Ministère de la Sécurité du revenu, 472, 1re Rue Ouest,
Amos (Québec), J9T 2M4
Tél.: (819) 732-8287 Télec.: (819) 732-1792

CTQ de Senneterre
Ministère de la Sécurité du revenu, 481, 7e Avenue Ouest,
C.P. 818, Senneterre (Québec), J0Y 2M0
Tél.: (819) 737-2258 Télec.: (819) 737-8131

CTQ de Ville-Marie
Ministère de la Sécurité du revenu,
1, rue Notre-Dame Nord, R.C., Ville-Marie (Québec), J0Z 3W0
Tél.: (819) 629-2213 Télec.: (819) 629-3365

Région de la Côte-Nord

Direction régionale Travail-Québec
Ministère de la Sécurité du revenu, 625, boul. Laflèche,
bureau 1.810, Baie-Comeau (Québec), G5C 1C5
Tél.: (418) 295-4020 Télec.: (418) 589-5437

CTQ de Baie-Comeau
Ministère de la Sécurité du revenu,
625, boul. Laflèche, R.C. 709, Baie-Comeau (Québec), G5C 1C5
Tél.: (418) 589-3710 Télec.: (418) 589-7332

CTQ de Forestville
Ministère de la Sécurité du revenu,
134, Route 138 Est, R.C. 02, Forestville (Québec), G0T 1E0
Tél.: (418) 587-6611 Télec.: (418) 587-2201

CTQ de Sept-Îles
Ministère de la Sécurité du revenu, 442, avenue Arnaud,
Sept-Îles (Québec), G4R 3A9
Tél.: (418) 962-6545 Télec.: (418) 962-5092

CTQ de Havre-Saint-Pierre
Ministère de la Sécurité du revenu, 1047, rue Dulcinée,
C.P. 608, Havre-Saint-Pierre (Québec), G0G 1P0
Tél.: (418) 538-2288 Télec.: (418) 538-3659

CTQ de Kuujjuaq
Ministère de la Sécurité du revenu, C.P. 500,
Kuujjuaq (Québec), J0M 1C0
Tél.: (819) 964-2909 Télec.: (819) 964-2406

CTQ de Kuujjuaraapik
Ministère de la Sécurité du revenu, C.P. 330,
Kuujjuaraapik (Québec), J0M 1G0
Tél.: (819) 929-3325 Télec.: (819) 929-3292

Région de la Gaspésie et des Îles-de-la-Madeleine

Direction régionale Travail-Québec
Ministère de la Sécurité du revenu,
11, rue de la Cathédrale, C.P. 1219, Gaspé (Québec), G0C 1R0
Tél.: (418) 368-5521 Télec.: (418) 368-2404

CTQ de Sainte-Anne-des-Monts
Ministère de la Sécurité du revenu, 10, boul. Sainte-Anne Ouest,
C.P. 487, Sainte-Anne-des-Monts (Québec), G0E 2G0
Tél.: (418) 763-3391 Télec.: (418) 763-2229

CTQ de Chandler
Ministère de la Sécurité du revenu, 175, boul. René-Lévesque,
C.P. 190, Chandler (Québec), G0C 1K0
Tél.: (418) 689-2201 Télec.: (418) 689-5745

CTQ de Cap-aux-Meules
Ministère de la Sécurité du revenu, C.P. 1060,
Cap-aux-Meules, Îles-de-la-Madeleine (Québec), G0B 1B0
Tél.: (418) 986-4411 Télec.: (418) 986-5905

CTQ de Bonaventure
Ministère de la Sécurité du revenu, 151, avenue Grand-Pré,
C.P. 400, Bonaventure (Québec), G0C 1E0
Tél.: (418) 534-2823 Télec.: (418) 534-2730

CTQ de Gaspé
Ministère de la Sécurité du revenu, 96, rue Sandy Beach,
bureau 211, C.P. 1460, Gaspé (Québec), G0C 1R0
Tél.: (418) 368-2241 Télec.: (418) 368-4944

Région Chaudière-Appalaches

Direction régionale Travail-Québec
Ministère de la Sécurité du revenu,
49, rue du Bel-Air, Lévis (Québec), G6V 6K9
Tél.: (418) 835-3624 Télec.: (418) 837-5915

CTQ de Lévis
Ministère de la Sécurité du revenu,
98-E, route Kennedy, Lévis (Québec), G6V 7Y1
Tél.: (418) 835-1500 Télec.: (418) 837-6259

CTQ de Thetford-Mines
Ministère de la Sécurité du revenu, 693, rue Saint-Alphonse
Ouest, Therford-Mines (Québec), G6G 3X3
Tél.: (418) 338-8563 Télec.: (418) 335-5904

CTQ de Montmagny
Ministère de la Sécurité du revenu, 116, rue Saint-Jean-Baptiste
Ouest, Montmagny (Québec), G5V 3B9
Tél.: (418) 248-0163 Télec.: (418) 248-7172

CTQ de Saint-Joseph
Ministère de la Sécurité du revenu,
Édifice Verdier, 1115, avenue du Palais, C.P. 220,
Saint-Joseph (Québec), G0S 2Y0
Tél.: (418) 397-4391 Téléc.: (418) 397-6452

CTQ de Saint-Georges
Ministère de la Sécurité du revenu, 11505, 1re Avenue Est,
bureau 210, Saint-Georges-Est (Québec), G5Y 7X3
Tél.: (418) 228-9711 Téléc.: (418) 228-5554

CTQ de l'Islet
Ministère de la Sécurité du revenu, 205, 5e Avenue, C.P. 247,
L'Islet (Québec), G0R 2C0
Tél.: (418) 247-3954 Téléc.: (418) 247-5409

CTQ de Lac-Etchemin
Ministère de la Sécurité du revenu, 274-B, 3e Avenue,
Lac-Etchemin (Québec), G0R 1S0
Tél.: (418) 625-6801 Téléc.: (418) 625-5410

CTQ de Sainte-Croix
Ministère de la Sécurité du revenu,
6331, rue Principale, Sainte-Croix (Québec), G0S 2H0
Tél.: (418) 926-3580 Téléc.: (418) 926-3128

CTQ de Saint-Lazare
Ministère de la Sécurité du revenu,
100, rue Monseigneur-Bilodeau, Saint-Lazare (Québec), G0R 3J0
Tél.: (418) 883-3307 Téléc.: (418) 883-4166

Région Montréal-Banlieue et Laval

Direction régionale Travail-Québec
Ministère de la Sécurité du revenu,
1435, boul. Saint-Martin Ouest, 4e étage,
Laval (Québec), H7S 2C6
Tél.: (514) 667-4040 Téléc.: (514) 669-0809

CTQ Montréal-Nord
Ministère de la Sécurité du revenu, 5872, boul. Léger, bureau 200,
Montréal-Nord (Québec), H1G 6N5
Tél.: (514) 321-5665 Téléc.: (514) 955-9992

CTQ de Verdun
Ministère de la Sécurité du revenu,
3901, rue Bannantyne, bureau 200, Verdun (Québec), H4G 1C2
Tél.: (514) 769-3856 Télec.: (514) 362-0117

CTQ de Saint-Léonard-Anjou
Ministère de la Sécurité du revenu, 6020, rue Jean-Talon Est,
bureau 500, Saint-Léonard (Québec), H1S 3B1
Tél.: (514) 253-7113 Télec.: (514) 252-7912

CTQ de LaSalle
Ministère de la Sécurité du revenu,
2212, rue Dollard, 2e étage, LaSalle (Québec), H8N 1S6
Tél.: (514) 365-4543 Télec.: (514) 367-0406

CTQ Laval-Ouest
Ministère de la Sécurité du revenu,
1435, boul. Saint-Martin Ouest, 5e étage,
Laval (Québec), H7S 2C6
Tél.: (514) 668-5967 Télec.: (514) 662-1943

CTQ Lachine
Ministère de la Sécurité du revenu,
650, 32e Avenue, 2e étage, Lachine (Québec), H8T 3K4
Tél.: (514) 634-2425 Télec.: (514) 634-8782

CTQ de Saint-Laurent
Ministère de la Sécurité du revenu,
300, boul. Marcel-Laurin, bureau, 101,
Ville-Saint-Laurent (Québec), H4M 2L4
Tél.: (514) 744-5818 Télec.: (514) 747-6057

CTQ de Laval-Est
Ministère de la Sécurité du revenu, 1600, boul. Saint-Martin Est,
Tour A, bureau 200, Laval (Québec), H7G 4R8
Tél.: (514) 669-7178 Télec.: (514) 668-7310

CTQ de l'Ouest-de-l'Île
Ministère de la Sécurité du revenu, 1000, boul. Saint-Jean,
5e étage, bureau 500, Pointe-Claire (Québec), H9R 5Y8
Tél.: (514) 694-9494 Tél.: (514) 426-2727

Région Laurentides-Lanaudière

Direction régionale Travail-Québec
Ministère de la Sécurité du revenu,
85, rue de Martigny Ouest, bureau 4.16
Saint-Jérôme (Québec), J7Y 3R8
Tél.: (514) 569-3097 Télec.: (514) 569-3074

CTQ de Saint-Jérôme
Ministère de la Sécurité du revenu,
10, rue Saint-Joseph, 3e étage, bureau 300,
Saint-Jérôme (Québec), J7Z 7G7
Tél.: (514) 569-3075 télec.: (514) 569-3147

CTQ de Terrebonne
Ministère de la Sécurité du revenu,
1275, boul. des Seigneurs, Terrebonne (Québec), J6W 4P7
Tél.: (514) 471-3666 Télec.: (514) 964-9196

CTQ de Mont-laurier
Ministère de la Sécurité du revenu,
585, rue Hébert, Mont-Laurier (Québec), J9L 2X4
Tél.: (819) 623-4610 Télec.: (819) 623-3801

CTQ de Berthierville
Ministère de la Sécurité du revenu,
90, place du Marché, C.P. 329, Berthierville (Québec), J0K 1A0
Tél.: (514) 836-6261 Télec.: (514) 836-1029

CTQ de Repentigny
Ministère de la Sécurité du revenu,
781, rue Notre-Dame, 2e étage, Repentigny (Québec), J5Y 1B4
Tél.: (514) 585-6640 Télec.: (514) 582-4996

CTQ de Sainte-Julienne
Ministère de la Sécurité du revenu,
2495, rue Cartier, C.P. 310, Sainte-Julienne (Québec), J0K 2T0
Tél.: (514) 831-4222 Télec.: (514) 831-8439
CTQ de Joliette

Ministère de la Sécurité du revenu,
430, rue de Lanaudière, Joliette (Québec), J6E 7X1
Tél.: (514) 759-0482 Télec.: (514) 752-6865

CTQ de Sainte-Thérèse
Ministère de la Sécurité du revenu,
206, boul. Labelle, R.C., Sainte-Thérèse (Québec), J7E 2X7
Tél.: (514) 435-3667 Télec.: (514) 430-0128

CTQ de Sainte-Agathe
Ministère de la Sécurité du revenu, 48, rue Préfontaine Est,
Sainte-Agathe-des-Monts (Québec), J8C 1S1
Tél.: (819) 326-5861 Télec.: (819) 326-4234

CTQ de Lachute
Ministère de la Sécurité du revenu,
505, rue Béthanie, bureau 200, Lachute (Québec), J8H 4A6
Tél.: (514) 562-8533 Télec.: (514) 562-1664

CTQ de Saint-Eustache
Ministère de la Sécurité du revenu,
29, chemin Oka, bureau 220, Saint-Eustache (Québec) J7R 1K6
Tél.: (514) 472-2311 Télec.: (514) 974-3315

CTQ de Saint-Hyacinthe
Ministère de la Sécurité du revenu, 3100, boul. Laframboise,
bureau 107, Saint-Hyacinthe (Québec), J2S 4Z4
Tél.: (514) 778-6589 Télec.: (514) 778-6647

CTQ de Sorel
Ministère de la Sécurité du revenu,
101, rue du Roi, Sorel (Québec), J3P 4N1
Tél.: (514) 742-5941 Télec.: (514) 746-5734

CTQ de Vaudreuil
Ministère de la Sécurité du revenu,
490, boul. Harwood, bureau 100, Vaudreuil (Québec), J7V 7H4
Tél.: (514) 455-5666 Télec.: (514) 455-1541

CTQ de Châteauguay
Ministère de la Sécurité du revenu,
102, boul. Saint-Jean-Baptiste, Bureau 2,
Châteauguay (Québec), J6K 5E8
Tél.: (514) 691-6020 Télec.: (514) 699-9005

CTQ de Montval
Ministère de la Sécurité du revenu,
201, place Charles-Lemoyne, Bureau R.C. 02,
Longueuil (Québec), J4K 2T5
Tél.: (514) 928-7556 Télec.: (514) 928-7710

CTQ de Saint-Hubert
Ministère de la Sécurité du revenu,
5245, boul. Cousineau, bureau 220,
Saint-Hubert (Québec), J3Y 6J8
Tél.: (514) 676-7952 Télec.: (514) 656-9491

CTQ de Brossard
Ministère de la Sécurité du revenu,
7005, boul. Taschereau, bureau 180, Brossard (Québec), J4Z 1A7
Tél.: (514) 445-1944 Télec.: (514) 445-5938

CTQ de Granby
Ministère de la Sécurité du revenu,
77, rue Principale, bureau R.C. 02, Granby (Québec), J2G 9B3
Tél.: (514) 372-7134 Télec.: (514) 776-7170

CTQ de Saint-Jean
Ministère de la Sécurité du revenu, 320, boul. du Séminaire,
Saint-Jean-sur-Richelieu (Québec), J3B 5K9
Tél.: (514) 348-9294 Télec.: (514) 348-6514

CTQ de Huntingdon
Ministère de la Sécurité du revenu,
2-D, rue Henderson, C.P. 1450, Huntingdon (Québec), J0S 1H0
Tél.: (514) 264-5323 Télec.: (514) 264-3297

CTQ de Cowansville
Ministère de la Sécurité du revenu,
406-B, rue Sud, C.P. 83, Cowansville (Québec), J2K 3H5
Tél.: (514) 263-0336 Télec.: (514) 266-1472

2.2 A) Les services externes de main-d'œuvre (S.E.M.O.)

Ce service permet aux personnes éprouvant des difficultés particulières d'intégrer ou de réintégrer le marché du travail en leur offrant des services spécialisés et adaptés à leur besoin:

— Sessions de groupe ou counselling individuel
— Connaissance du marché du travail
— Orientation
— Méthodes dynamiques de recherche d'emploi
— Stages en milieu de travail
— Suivi après l'obtention d'un emploi
Chaque service externe de main-d'œuvre offre des services différents.

Pour en savoir davantage, contacter votre centre Travail-Québec local.

Voici la liste des S.E.M.O. de Montréal:

Action main-d'œuvre Montréal inc.
3320, boul. Rosemont, Montréal (Québec) H1X 1K3
Tél.: (514) 721-4941
Clientèle: personnes ayant une déficience intellectuelle.

Carrefour-Relance inc.
4956, rue Hochelaga, Montréal (Québec), H1V 1E8
Tél.: (514) 254-7400
Clientèle: personnes de 29 ans et plus, prestataires de la Sécurité du revenu depuis au moins 1 an.

Centre Eureka inc.
4377, rue Notre-Dame Ouest, 2e étage,
Montréal (Québec), H4C 1R9
Tél.: (514) 937-8998
Clientèle: hommes et femmes de 40 ans et plus. Priorité aux prestataires de la Sécurité du revenu.

Centre Ex-Æquo inc.
7105, rue Saint-Hubert, bureau 300,
Montréal (Québec), H2S 2N1
Tél.: (514) 274-5522
Clientèle: ex-alcooliques et ex-toxicomanes.

Club de recherche d'emploi de LaSalle-SEMO Le Relais
408 A, rue Lafleur, LaSalle (Québec), H8R 3H6
Tél.: (514) 368-0622
Clientèle: non spécifiée. Priorité aux prestataires de la Sécurité du revenu.

Emploi-jeunesse 16-25 inc.
911, rue Jean-Talon Est, bureau 301, Montréal (Québec),
H2R 1V5
Tél.: (514) 495-6571
Clientèle: jeunes démunis ayant une formation et une expérience
de travail peu reconnues.

Institut national canadien pour les aveugles
3622, rue Hochelaga, Montréal (Québec), H1W 1J1
Tél.: (514) 529-2040
Clientèle: personnes handicapées visuelles.

L'Arrimage
1649, rue Fleury Est, Montréal (Québec), H2C 1S9
Tél.: (514) 389-9393
Clientèle: personnes ayant des problèmes de santé mentale. Elles
doivent être référées par les établissements de santé affiliés.

L'étape
801, rue Sherbrooke Est, bureau 802, Montréal (Québec),
H2L 1K7
Tél.: (514) 526-0887
Clientèle: personnes handicapées.

Opération placement jeunesse inc.
1077, rue Saint-Denis, Montréal (Québec), H2X 3J3
Tél.: (514) 281-1030
Clientèle: jeunes mésadaptés socio-affectifs de 15 à 25 ans et
prestataires de la Sécurité du revenu.

Option' Elle
3585, rue Saint-Urbain, Montréal (Québec), H2X 2N6
Tél.: (514) 842-6652
Clientèle: femmes.

Service 18-30
5141, avenue Verdun, Verdun (Québec), H4G 1N7
Tél.: (514) 767-9971
Clientèle: jeunes adultes âgés de 18-30 ans, prestataires de la
Sécurité du revenu ou sans revenu.

Service d'intégration au marché du travail par objectifs
6725, boul. Saint-Laurent, bureau 301, Montréal (Québec),
H2S 3C8
Clientèle: personnes prestataires de la Sécurité du revenu.

Sorif (Service orientation et relance industrielle femme)
5150, rue Saint-Hubert, Montréal (Québec), H2J 2Y3
Tél.: (514) 271-3866
Clientèle: femme cheffe de famille monoparentale

YMCA-programme SEMO
1450, rue Stanley, 6e étage, Montréal (Québec), H3A 2W6
Tél.: (514) 849-8393
Clientèle: priorité aux prestataires de la Sécurité du revenu.

2.3 BOTTIN DES SERVICES DE PLACEMENT ÉTUDIANT

Cégep de l'Abitibi-Témiscamingue
425, boul. du Collège, C.P. 1500, Rouyn (Québec), J9X 5E5
Tél.: (819) 762-0931 # 1353 Télec.: (819) 762-3815

Cégep Ahuntsic
9155, rue Saint-Hubert, Montréal (Québec), H2M 1Y8
Tél.: (514) 389-5921 # 2640 Télec.: (514) 389-4554

Cégep d'Alma
675, boul. Auger Ouest, Alma (Québec), G8B 2B7
Tél.: (418) 668-2387 # 256 Télec.: (418) 668-3806

Cégep André-Laurendeau
1111, rue Lapierre, LaSalle (Québec), H8N 2J4
Tél.: (514) 364-3320 # 136 # 139 # 202 Télec.: (514) 364-7130

Collège André-Grasset
1001, boul. Crémazie Est, Montréal (Québec), H2M 1M3
Tél.: (514) 381-4293 # 274 Télec.: (514) 381-7421

Collège de l'Assomption
270, boul. l'Ange-Gardien, L'Assomption (Québec), J0K 1G0
Tél.: (514) 589-5621 # 271 # 209 Télec.: (514) 589-2910

Cégep de Baie-Comeau
537, boul. Blanche, Baie-Comeau (Québec), G5C 2B2
Tél.: (418) 589-5707 # 2180 Télec.: (418) 589-9842

Collège Bart
751, côte d'Abraham, Québec (Québec), G1R 1A2
Tél.: (418) 522-3906 Télec.: (418) 522-5456

Cégep Beauce-Appalaches
1055, 116e Rue, Ville de Saint-Georges (Québec), G5Y 3G1
Tél.: (418) 228-8896 # 226 Télec.: (418) 228-0562

Cégep de Jonquière
2505, rue Saint-Hubert, C.P. 340, Jonquière (Québec), G7X 7W2
Tél.: (418) 547-2191 # 271 télec.: (418) 542-1095

Cégep de La Pocatière
140, 4e Avenue, La Pocatière (Kamouraska) (Québec), G0R 1Z0
Tél.: (418) 856-1525 # 216 Télec.: (418) 856-1283

Collège Laflèche
1687, boul. du Carmel, Trois-Rivières (Québec), G8Z 3R8
Tél.: (819) 375-7346 # 3031 Télec.: (819) 375-7347

Collège LaSalle
2000, Sainte-Catherine Ouest, Montréal (Québec), H3H 2T2
Tél.: (514) 939-2006 # 427 # 418 Télec.: (514) 939-2015

Collège de Lévis
9, rue Mgr Gosselin, Lévis (Québec), G6V 5K1
Tél.: (418) 833-1249 # 136 Télec.: (418) 837-7592

Cégep de Lévis-Lauzon
205, rue Mgr Bourget, Lauzon (Lévis) (Québec), G6V 6Z9
Tél.: (418) 833-5110 # 3313 Télec.: (418) 833-7323

Cégep de Limoilou
1300, 8e Avenue, C.P. 1400, Québec (Québec), G1K 7H3
Tél.: (418) 647-6642 Télec.: (418) 647-6795

Cégep Lionel-Groulx
100, rue Duquet, Sainte-Thérèse (Québec), J7E 3G6
Tél.: (514) 430-3120 # 238 Télec.: (514) 430-2783

Institut Maritime du Québec
35, rue Saint-Germain Ouest, Rimouski (Québec), G5L 4B4
Tél.: (418) 724-2822 # 2026 Télec.: (418) 724-0606

Collège Macdonald
21111, Lakeshore Road, Sainte-Anne-de-Bellevue (Québec),
H9X 3V9
Tél.: (514) 398-7992 # 8737 Télec.: (514) 398-7610

Cégep de Maisonneuve
3800, Sherbrooke Est, Montréal (Québec), H1X 2A2
Tél.: (514) 254-7131 # 4253 Télec.: (514) 254-3266

Cégep Marie-Victorin
7000, Marie-Victorin, Montréal (Québec), H1G 2J6
Tél.: (514) 325-0150 # 2303 Télec.: (514) 328-3830

Cégep de Matane
616, avenue Saint-Rédempteur, Matane (Québec), G4W 1L1
Tél.: (418) 562-1240 # 2430 Télec.: (418) 566-2115

Collège Merici
755, chemin Saint-Louis, Québec (Québec), G1S 1C1
Tél.: (418) 683-1591 # 239 Télec.: (418) 682-8938

Collège Moderne 3R
3730, Nérée-Beauchemin, Trois-Rivières, (Québec), G8Y 1C1
Tél.: (819) 378-1123 Télec.: (819) 378-1154

Cégep Montmorency
475, boul. de l'Avenir, Laval (Québec), H7N 5H9
Tél.: (514) 975-6371 Télec.: (514) 975-6373

Campus Notre-Dame-de-Foy
5000, rue Clément-Lockquell, Saint-Augustin-de-Desmaures
(Québec), G3A 1B3
Tél.: (418) 872-8041 # 465 Télec.: (418) 872-3448

Collège O'Sullivan/Montréal
1191, rue de la Montagne, Montréal (Québec), H3G 1Z2
Tél.: (514) 866-4622 Télec.: (514) 866-6663

Collège O'Sullivan/Québec
600, rue Saint-Jean, Québec (Québec), G1R 1P8
Tél.: (418) 529-3355 Télec.: (418) 523-6288

Cégep de l'Outaouais
333, boul. Cité des Jeunes, C.P. 5220, Hull (Québec), J8Y 6M5
Tél.: (819) 770-4012 # 332 Télec.: (819) 770-3855

Collège Vanier
821, avenue Sainte-Croix, Saint-Laurent (Québec), H4L 3X9
Tél.: (514) 744-7500 Télec.: (514) 744-7501

Cégep Victoriaville
475, rue Notre-Dame Est, Victoriaville (Québec), G6P 4B3
Tél.: (819) 758-6401 Télec.: (819) 758-6080

Cégep du Vieux-Montréal
255, rue Ontario Est, C.P. 1444, Succ. C,
Montréal (Québec), H2X 3M8
Tél.: (514) 982-3437 # 2037 Télec.: (514) 982-3432

Université de Montréal
Pavillon J.A. De Sève, 2232, Edouard-Montpetit, 3e étage,
Montréal (Québec), H3T 1J4
Tél.: (514) 343-6736 Télec.: (514) 343-2270

Université Concordia
Career and placement services, Sir George William Campus,
2070, Mackay, EN 106, Montréal (Québec), H3G 2J1
Tél.: (514) 848-7345 Télec.: (514) 848-2853

Université du Québec à Montréal
Centre de planification d'études et de carrières, Pavillon
Hubert-Aquin, Local A-R505, 1255, rue Saint-Denis, Montréal
(Québec), H2X 3R9
Tél.: (514) 987-7714 Télec.: (514) 987-6789

École Polytechnique
Service de placement, Campus de l'Université de Montréal, C.P.
6079, succursale Centre-Ville, Montréal (Québec), H3C 3A7
Tél.: (514) 340-4374 Télec.: (514) 340-4030
Internet: service.placement@courrier.polymtl.ca

Université Laval
Service de placement, Pavillon Alphonse Desjardins,
bureau 2447, Université Laval, Québec (Québec),G1K 7P4
Tél.: (418) 656-3575 Télec.: (418) 656-2813
Internet: spla@spla.ulaval.ca

École des Hautes Études commerciales
5255, avenue Decelles, Montréal (Québec), H3T 1V6
Tél.: (514) 340-6169 Télec.: (514) 340-6175

Université McGill
Career and placement service, 3637, rue Peel, bureau 308,
Montréal (Québec), H3A 1X1
Tél.: (514) 398-3304 Télec.: (514) 398-1831

Université de Sherbrooke
Pavillon Marie Victorin, 2500, boul. Université, Local 278,
Sherbrooke (Québec), J1K 2R1
Tél.: (819) 821-8080 Télec.: (819) 821-8079
Internet: Dbrière@courrier.usherb.ca

2.4 LES AGENCES DE RECRUTEMENT

Les agences de recrutement sont les sous-traitants d'entreprises qui leur confient certaines de leurs opérations de recrutement. De la simple opération Boîte Postale aux lettres avec présélection sommaire des candidats à la prise en charge de la totalité de l'opération, en passant par un travail conjoint agence-entreprise (du moins pour certaines étapes du recrutement), les missions de ces agence sont très variées. Certaines «interviewent» même les salariés en place, à l'occasion d'une promotion, d'une restructuration ou d'un malaise, par exemple.

Certains chercheurs d'emploi sont parfois réticents à répondre à une petite annonce renvoyant à une agence de recrutement. Ils pensent qu'ils auront, dans ce cas, affaire avec une structure plus froide, et ceci au milieu d'un nombre de candidats plus important. Pour ce qui est de la supposée surabondance de candidats, disons simplement (en dehors des phénomènes de formulation) qu'à poste égal une annonce a toujours grosso modo le même «rendu», qu'elle soit passée par une entreprise ou par une agence.

Pour le reste, il faut bien dire que le professionnalisme des recruteurs permet le plus souvent des entretiens plus efficaces et moins empreints de l'affectivité que l'on trouve parfois chez certains cadres d'entreprises partageant leur travail entre le recrutement et un grand nombre d'autres tâches. Moins impliqués et plus professionnels, ils font également souvent preuve d'une plus grande franchise, et évitent ainsi bien des déconvenues et pertes de temps. Ces remarques ne s'appliquent bien sûr pas aux quelques bons commerçants qui, là comme ailleurs, ont pu se constituer une clientèle sans que la preuve de leur efficacité ne suive tout à fait.

Certaines de ces agences de recrutement sont membres de l'Association de Placement de Personnel Agences et Conseillers. Il s'agit en somme d'une certification de professionnalisme et d'intégrité envers leurs clients, que ce soit l'entreprise ou les chercheurs d'emploi.

En plus, cette association regroupe un réseau assez important d'agences localisées à travers le Canada, ce qui permet aux chercheurs d'emplois, désireux de trouver du travail dans une autre province, de faire circuler leur candidature à travers le Canada.

Afin de connaître quelles agences de recrutement sont membres de cette association, veuillez vous adresser à:

APPAC, 114, Richmond Street East, Suite L-109,
Toronto (Ontario), M5C 1P2
Tél.: (416) 362-0983

Aussi connu par APPAC:
Alberta District
Hunt Personnel, 717 - 7e Av. S.W., 170 Elvedon House,
Calgary (Alberta) T2P 0Z3
Tél.: (403) 269-6786

British Columbia District
Holloway/Schulz Partner inc., 1200, West Pender Street,
Suite 306, Vancouver (Colombie-Britannique), V6E 2S9
Tél.: (604) 688-9595

Ontario District
Mc Intyre Rowan Inc., 415 Yonge Street, Suite 1101,
Toronto (Ontario), M5B 2E7
Tél.: (416) 598-8838

Québec District
Techaid Inc., 5165, Chemin de la Reine Marie, suite 204,
Montréal (Québec), H3W 1X7
Tél.: (514) 482-6790

Liste des agences membres du Québec District

Addition 2000 Inc.
2021 Union, bureau 815, Montréal (Québec), H3A 2C1
Tél.: (514) 842-1021 Télec.: (514) 842-3458

Chacra, Belliveau & Associates-Associés Inc.
1550 de Maisonneuve Ouest, bureau 805,
Montréal (Québec) H3G 1N2
Tél.: (514) 931-8801 Télec.: (514) 931-1940

Ressources humaines Consultec Inc.
1550 de Maisonneuve Ouest, bureau 801,
Montréal (Québec), H3G 1N2
Tél.: (514) 931-2493 Télec.: (514) 931-6408

Personnel Mille Iles Inc.
525, Place Des Alises, Rosemère (Québec), J7A 4C4
Tél.: (514) 965-7848 Télec.: (514) 621-1530

Quintal & Associates Human Resources Consultants Inc.
133 de la Commune Ouest, bureau 301,
Montréal (Québec), H2Y 2C7
Tél.: (514) 284-7444 Télec.: (514) 284-9290

Thompson Tremblay Inc. (Maison-mère)
250-2000 McGill Collège Avenue, Montréal (Québec), H3A 3H3
Tél.: (514) 849-0700 Télec.: (514) 849-5316

2.5 LES CHASSEURS DE TÊTES

Contrairement aux agences de recrutement, les chasseurs de têtes ne passent pas, en règle générale, de petites annonces dans les journaux. Leur technique consiste dans l'approche directe. Ils se tiennent informés des résultats obtenus par un petit nombre de cadres de haut niveau (interventions dans des colloques spécialisés, réputation auprès des confrères, etc.) qu'ils contacteront éventuellement en vue d'un besoin ponctuel d'une de leurs entreprises clientes. Les cadres contactés seront le plus souvent en activité et toute la difficulté de l'opération consistera à les aborder en douceur, pour éviter le délit de débauchage, et de leur proposer une rémunération et une fonction plus motivantes.

Autre aspect très particulier de l'activité des chasseurs de tête: la rareté et le «standing» (prestige) des cadres recherchés. Leur méthode de recrutement ne peut bien sûr s'appliquer qu'à des cadres de très haut niveau. Les entreprises ne s'adresseront à eux que si elles cherchent, dans une spécialité donnée, le meilleur.

Banalisation?

Jusqu'à une époque récente, être contacté par un chasseur de têtes était pour un cadre une sorte de consécration. Il semble qu'à l'heure actuelle, un cadre de haut niveau puisse être contacté plusieurs fois dans l'année. Ceci s'explique par la conjoncture économique et le débalancement du marché du travail, dont les effets se sont répercutés sérieusement au sein des agences de recrutement. D'une part, elles absorbaient une hausse importante des candidatures spontanées et d'autre part subissaient une grave perte d'offres d'emploi. Elles se sont restructurées et ont adapté à leur panoplie de techniques de recrutement, l'approche directe.

En plus, en marge des professionnels de la chasse de têtes, il est à noter que certaines entreprises invitent leurs propres cadres à participer à la chasse aux candidats. Il n'est donc pas surprenant qu'un cadre soit invité à plusieurs reprises à considérer des occasions d'emploi.

Liste des principales agences de recrutement

Voir l'annuaire des Pages jaunes de votre région dans la liste alphabétique de services:

Agence de Placement
Administration - Conseillers
Personnel - Conseillers

Recrutement des cadres-conseillers:

Voir l'annuaire des Pages jaunes de votre région dans la liste alphabétique de services:

Cadres-conseillers en recrutement
Administration - Conseillers

2.6 L'OUT-PLACEMENT (DÉCRUTEMENT)

L'out-placement, appelé aussi parfois le décrutement, consiste pour une entreprise qui souhaite se séparer d'un salarié (le plus souvent cadre) à contacter une agence de recrutement spécialisée qui prendra en charge le salarié pour faciliter son reclassement en l'aidant dans ses démarches. L'aide de l'agence pourra se traduire par des conseils pratiques, une formation, voire même des mises en contact avec des entreprises recruteuses, le cadre continuant parfois de recevoir sa rémunération pendant tout ou une partie du temps que nécessite son reclassement. Ces agences s'adressent aux entreprises et acceptent également des cadres venus de leur propre initiative.

Les avantages qu'en retire une entreprise peuvent être multiples:

— assumer sa responsabilité et son rôle social vis-à-vis du licencié en l'aidant (gain de temps dans la recherche, diminution ou suppression des risques liés au chômage);

— éviter au maximum les conflits (commission des normes du travail, etc.);

— éviter la possible dégradation de l'ambiance au sein de l'entreprise, et, partant, la mauvaise image de marque pour l'extérieur, notamment auprès de ceux qu'elle est susceptible de recruter un jour;

— éviter que le salarié licencié ne devienne un jour, par ressentiment, hostile à l'entreprise alors qu'il sera recasé dans une entreprise fournisseur ou cliente;

— échapper au versement transactionnel d'indemnités qui pour un cadre jeune et nouveau pourrait, de par les usages, s'avérer plus onéreux que le recours à une agence.

Voir l'annuaire des Pages jaunes de votre région dans la liste alphabétique de services:

Outplacement - Counselling

2.7 L'INTÉRIM OU AGENCES DE RECRUTEMENT DE PERSONNEL TEMPORAIRE

Grand nombre d'entreprises ont recours au travail intérimaire, que ce soit à cause d'une hausse temporaire de production ou tout simplement pour combler un poste vacant dû à une maladie, une réaffectation, etc. Elles ont donc recours aux agences de recrutement de personnel temporaire qui elles, font leur présélection. L'opération consiste à présenter à l'entreprise un candidat choisi en fonction des critères fixés par celle-ci, un peu à la manière du travail effectué par une agence de recrutement de personnel permanent. Par un contrat plus ou moins tacite, l'entreprise s'engage à ne pas embaucher la personne à titre permanent avant un certain délai, habituellement négociable selon les agences.

On peut utiliser l'intérim comme une «roue de la chance» pour entrer en contact avec des employeurs et les convaincre ensuite du bien-fondé d'une collaboration plus permanente.

L'intérim a aussi un autre intérêt:

— pour les jeunes à la recherche d'un premier emploi permanent, celui d'acquérir l'expérience même si c'est un peu au petit bonheur la chance.

Voir l'annuaire des Pages jaunes de votre région dans la liste alphabétique de services:

Emplois temporaires - Placement de personnel
Aussi:
Fédération des entreprises d'aide temporaire
214, King Street West, Suite 414, Toronto (Ontario), M5J 1E3
Tél.: (416) 971-9412

2.8 LES CHAMBRES DE COMMERCE

Établissements publics, les Chambres de commerce jouent un rôle d'animateur de la vie économique de la région, notamment par l'information, le conseil et la formation.

Elles éditent des brochures, mettent des conseillers à la disposition des entreprises, disposent de salles de documentation et dispensent certains programmes de formation. Nous vous donnons ici les adresses de quelques chambres de commerce. Nous ne pouvons reproduire toutes les adresses des chambres de commerce pour chaque localité. Toutefois, en consultant les Pages jaunes du bottin téléphonique de votre région, soit sous la rubrique «Chambre de Commerce», «Hôtel-de-Ville», «Jeunes Chambres de Commerce», vous les retrouverez.

La Chambre de commerce du Canada
1080, Côte du Beaver Hall, bureau 1430,
Montréal (Québec), H2Z 1T2
Tél.: (514) 866-4334

La Chambre de commerce de la province de Québec
500, place d'Armes, Montréal (Québec), H2Y 2W2
Tél.: (514) 844-9571

La Chambre de commerce de Laval
1555, boul. Chomedey, bureau 200, Laval (Québec) H7V 3Z1
Tél.: (514) 682-5255

La Chambre de commerce de la Rive-Sud
205, chemin Chambly, Longueuil (Québec), J4H 3L3
Tél.: (514) 463-2121

La Chambre de commerce du Montréal métropolitain
772, rue Sherbrooke Ouest, Montréal (Québec), H3A 1G1
Tél.: (514) 287-9090

La Chambre de commerce de Québec métropolitain
17, rue Saint-Louis, Québec (Québec), G1R 4R5
Tél.: (418) 692-3853

La Chambre de commerce de l'Est du Grand Montréal
C.P. 212, succursale M, Montréal (Québec), H1V 3L8
Tél.: (514) 329-1582

La Chambre de commerce du West Island
1870, boul. des Sources, bureau 210,
Pointe-Claire (Québec), H9R 5N4
Tél.: (514) 697-4228

La Chambre de commerce de Sherbrooke
1308, boul. Portland, Pavillon 2, C.P. 1356,
Sherbrooke (Québec), J1H 5L9
Tél.: (819) 822-6151

La Chambre de commerce de Trois-Rivières
168 rue Bonaventure,
Trois-Rivières (Québec) G9A 2B1 ou C.P. 1045, G9A 5K4
Tél.: (819) 375-9628

La jeune Chambre de commerce de Montréal
555 boul. René-Lévesque Ouest, bureau 1100,
Montréal (Québec), H2Z 1B1
Tél.: (514) 845-4951

2.9 LES ASSOCIATIONS ET ORDRES PROFESSIONNELS

Comme les agences de recrutement, les centres d'emploi du Canada et les Centres de travail du Québec, les association reçoivent des offres de postes qu'elles gardent dans leurs archives ou qu'elles font circuler dans leur journal.

Vous pouvez donc, si vous appartenez à une de ces associations, consulter ces offres. Certains candidats contactent, soit directement soit par l'intermédiaire d'amis, des associations dont ils ne font pas partie et cette approche donne parfois des résultats positifs.

Voici la liste des principales associations.

Ordres professionnels

Acupuncteurs
1600, boul. Henri-Bourassa Ouest, bureau 500,
Montréal (Québec), H3M 3E2
Tél.: (514) 331-8870 Sans frais: 1-800-474-5914

Administrateurs agréés
680, rue Sherbrooke Ouest, bureau 640,
Montréal (Québec), H3A 2M7
Tél.: (514) 499-0880

Agronomes
1259, rue Berri, bureau 710, Montréal (Québec), H2L 4C7
Tél.: (514) 844-3833

Architectes
1825, boul. René-Lévesque Ouest, Montréal (Québec), H3H 1R4
Tél.: (514) 937-6168 Accepte les frais téléphoniques

Arpenteurs-géomètres
2954, boul. Laurier, bureau 350, Sainte-Foy (Québec), G1V 4T2
Tél.: (418) 656-0730 Accepte les frais téléphoniques

Audioprothésistes
11305, rue Notre-Dame Est, Suite 102,
Montréal (Québec), H1B 2W4
Tél.: (514) 640-5117 Accepte les frais téléphoniques

Avocats
Maison du Barreau, 445, boul. Saint-Laurent,
Montréal (Québec), H2Y 3T8
Tél.: (514) 954-3400 Sans frais: 1-800-361-8495

76, Saint-Paul, bureau 300, Québec (Québec), G1K 3V9
Tél.: (418) 692-2888 Accepte les frais téléphoniques

Chimistes
300, rue Léo-Pariseau, bureau 1010, C.P. 1089,
succursale Place du Parc, Montréal (Québec), H2W 2P4
Tél.: (514) 844-3644 Accepte les frais téléphoniques

Chiropraticiens
7950, boul. Métropolitain Est, Ville d'Anjou (Québec), H1K 1A1
Tél.: (514) 355-8540

Comptables agréés
680, rue Sherbrooke Ouest, 7e étage,
Montréal (Québec), H3A 2S3
Tél.: (514) 288-3256 Sans frais: 1-800-363-4688

Comptables en management accrédités
715, Square Victoria, 3e étage, Montréal (Québec), H2Y 2H7
Tél.: (514) 849-1155 Sans frais 1-800-263-5390

Comptables généraux licenciés
445, boul. Saint-Laurent, bureau 450,
Montréal (Québec), H2Y 2Y7
Tél.: (514) 861-1823 Sans frais 1-800-463-0163

Conseillers en relations industrielles
1100, avenue Beaumont, bureau 503,
Ville Mont-Royal (Québec), H3P 3H5
Tél.: (514) 344-1609 Accepte les frais téléphoniques

Conseillers et conseillères d'orientation
1100, avenue Beaumont, bureau 520,
Ville Mont-Royal (Québec), H3P 3H5
Tél.: (514) 737-4717 Sans frais 1-800-363-2643

Dentistes
625, boul. René-Lévesque Ouest, 15e étage,
Montréal (Québec), H3B 1R2
Tél.: (514) 875-8511 Sans frais 1-800-361-4887 (4888)

Denturologistes
45, Place Charles-Lemoyne, bureau 106,
Longueuil (Québec), J4K 5G5
Tél.: (514) 646-7922 Sans frais 1-800-567-2251

Diététistes
1425, boul. René-Lévesque Ouest, bureau 703, Montréal
(Québec), H3G 1T7
Tél.: (514) 393-3733

Ergothérapeutes
1259, rue Berri, bureau 710, Montréal (Québec) H2L 4C7
Tél.: (514) 844-5778 Sans frais 1-800-265-5778

Évaluateurs agréés
2075, rue Université, bureau 1200, Montréal (Québec), H3A 2L1
Tél.: (514) 281-9888 Sans frais 1-800-982-5387

Huissiers de justice
1100, boul. Crémazie Est, bureau 215,
Montréal (Québec), H2P 2X2
Tél.: (514) 721-1100

Hygiénistes dentaires
5780, avenue Decelles, bureau 205, Montréal (Québec), H3S 2C7
Tél.: (514) 733-4098 Sans frais 1-800-361-2996

Infirmières et infirmiers
4200, boul. Dorchester Ouest, Westmount (Québec), H3Z 1V4
Tél.: (514) 935-2501 Sans frais 1-800-363-6048

Infirmières et infirmiers auxiliaires
531, rue Sherbrooke Est, Montréal (Québec), H2L 1K2
Tél.: (514) 282-9511 Accepte les frais téléphoniques

Ingénieurs
2020, rue Université, 18e étage, Montréal (Québec), H3A 2A5
Tél.: (514) 845-6141 Accepte les frais téléphoniques

Ingénieurs forestiers
2750, rue Einstein, bureau 380, Sainte-Foy (Québec), G1P 4R1
Tél.: (418) 650-2411 Accepte les frais téléphoniques

Inhalothérapeuthes
1610, rue Sainte-Catherine Ouest, bureau 409,
Montréal (Québec), H3H 2S2
Tél.: (514) 931-2900 Accepte les frais téléphoniques

Médecins
2170, boul. René-Lévesque Ouest, Montréal (Québec), H3H 2T8
Tél.: (514) 933-4441 Accepte les frais téléphoniques

Médecins vétérinaires
795, avenue du Palais, bureau 200, Saint-Hyacinthe (Québec),
J2S 5C6
Tél.: (514) 774-1427

Notaires
630, boul. René-Lévesque Ouest, bureau 1700, Montréal
(Québec), H3B 1T6
Tél.: (514) 879-1793

Opticiens d'ordonnances
3446, rue Saint-Denis, bureau 210, Montréal (Québec), H2X 3L3
Tél.: (514) 288-7542 Accepte les frais téléphoniques

Optométristes
1265, rue Berri, bureau 700, Montréal (Québec), H2L 4X4
Tél.: (514) 499-0524 Accepte les frais téléphoniques

Orthophonistes et audiologistes
1265 Berri, Bureau 730, Montréal (Québec) H2L 4X4
Tél.: (514) 282-9123 Accepte les frais téléphoniques

Pharmaciens
266, Notre-Dame Ouest, bureau 301,
Montréal (Québec) H2Y 1T6
Tél.: (514) 284-9588 Sans frais 1-800-363-0324

Physiothérapeutes
1100, avenue Beaumont, bureau 530,
Ville Mont-royal (Québec), H3P 3H5
Tél.: (514) 737-2770 Sans frais 1-800-361-2001

Podiatres
7095, boul. Gouin Est, bureau 104, Montréal (Québec), H1E 6N1
Tél.: (514) 328-1131 Accepte les frais téléphoniques

Psychologues
1100, avenue Beaumont, bureau 510,
Ville Mont-Royal (Québec), H3P 3H5
Tél.: (514) 738-1881 Sans frais 1-800-363-2644

Techniciens et techniciennes dentaires
65, rue Sherbrooke Est, bureau 105, Montréal (Québec), H2X 1C4
Tél. (514) 845-6446 Accepte les frais téléphoniques

Technologistes médicaux
1150, boul. Saint-Joseph Est, Bureau 300,
Montréal (Québec) H2J 1L5
Tél.: (514) 527-9811 Sans frais 1-800-567-7763

Technologues en radiologie
7400, boul. Les Galeries d'Anjou, bureau 420,
Anjou (Québec), H1M 3M2
Tél.: (514) 351-0052 Sans frais 1-800-361-8759

Technologues professionnels
1265, rue Berri, bureau 720, Montréal (Québec) H2L 4X4
Tél.: (514) 845-3247 Accepte les frais téléphoniques

Traducteurs et interprètes agréés
2021, rue Union, bureau 1108, Montréal (Québec), H3A 2S9
Tél.: (514) 845-4411 Sans frais: 1-800-265-4815

Travailleurs sociaux
5757, avenue Decelles, bureau 335, Montréal (Québec), H3S 2C3
Tél.: (514) 731-3925 Accepte les frais téléphoniques

Urbanistes
85, rue Saint-Paul Ouest, bureau B5, 4e étage,
Montréal (Québec) H2Y 3V4
Tél.: (514) 849-1177 Accepte les frais téléphoniques

Pour renseignements:

Office des professions du Québec
Direction des communications, 320, rue Saint-Joseph Est,
1er étage, Québec (Québec), G1K 8G5
Tél.: (418) 643-6912 Accepte les frais téléphoniques
Télec.: (418) 643-0973

Associations

Association des Courtiers d'assurance du Québec
300, rue Léo-Pariseau, bureau 801, C.P. 985, succursale Place du
Parc, Montréal (Québec), H2W 2N1
Tél.: (514) 842-2591 Télec.: (514) 842-3138

Association des économistes québécois
C.P. 869, succursale C, Montréal (Québec), H2L 4L6
Tél.: (514) 523-8872 Télec.: (514) 523-8872

Association des Ingénieurs-conseils du Québec
2050, rue Mansfield, bureau 1200, Montréal (Québec), H3A 1Y9
Tél.: (514) 288-2032 Télec.: (514) 288-2306

Association des professionnels en ressources humaines du Québec
635, Grande-Allée Est, Québec (Québec), G1R 2K4
Tél.: (418) 648-0733 Télec.: (418) 522-6604

Association canadienne des courtiers en valeurs mobilières
1 Place Ville-Marie, bureau 2802, Montréal (Québec), H3B 4R4
Tél.: (514) 878-2854 Télec.: (514) 878-3860

Association canadienne des pâtes et papiers
Édifice Sun Life, 1155, rue Metcalfe, 19e étage,
Montréal (Québec), H3B 4T6
Tél.: (514) 866-6621 Télec.: (514) 866-3035

Association canadienne des radiologistes
5101, rue Buchan, bureau 510, Montréal (Québec), H4P 2R9
Tél.: (514) 738-3111 Télec.: (514) 738-5199

Association des biologistes du Québec
1208, rue Beaubien Est, bureau 102,
Montréal (Québec), H2S 1T7
Tél.: (514) 279-7115 Télec.: (514) 279-7115

Association des bibliothécaires du Québec
60, avenue Hillside, Pointe-Claire (Québec), H9S 5E3
Tél.: (514) 630-4875 Télec.: (514) 489-5302

Association des exportateurs canadiens - Section Québec
Complexe du centre de commerce mondial, 380, rue Saint-
Antoine Ouest, 5e étage, Montréal (Québec), H2Y 3X7
Tél.: (514) 499-2162 Télec.: (514) 864-2455

Société des relationnistes du Québec
407, boul. Saint-Laurent, bureau 500,
Montréal (Québec), H2Y 2Y5
Tél.: (514) 874-3705 Télec.: 866-4020

Association des conseillers en consommation du Québec
C.P. 9994, Sainte-Foy (Québec), G1V 4C6
Tél.: (418) 622-1294

Association de la construction du Québec (ACQ) Montréal
4970, Place de la Savane, 3e étage,
Montréal (Québec), H4P 1Z6
Tél.: (514) 739-8565 Sans frais 1-800-361-7701
Télec.: (514) 739-8933

Association de la construction du Québec (ACQ) Québec
375, rue Verdun, 2e étage, Québec (Québec), G1N 3N8
Tél.: (418) 687-1992 Télec.: (418) 688-3220

Association québécoise des organismes de coopération
internationale (AQOCI)
801, rue Sherbrooke Est, bureau 400,
Montréal (Québec), H2L 1K7
Tél.: (514) 597-2288 Télec.: (514) 597-2334

Association professionnelle des criminologues du Québec
3601, rue Saint-Jacques Ouest, bureau 300,
Montréal (Québec), H4C 3N4
Tél.: (514) 939-3388 Télec.: (514) 939-2070

Association des designers industriels du Québec
315, rue du Saint-Sacrement, bureau 301,
Montréal (Québec), H2Y 1Y1
Tél.: (514) 287-6531 Télec.: (514) 287-6532

Fondation de l'entrepreneurship
Direction des communications, 160, 76e Rue Est, bureau 250,
Charlesbourg (Québec), G1H 7H6
Tél.: (418) 646-1994 Télec.: (418) 646-2246

Association professionnelle des informaticiens du Québec
3107, avenue des Hôtels, bureau 26,
Sainte-Foy (Québec), G1W 4W5
Tél.: (418) 659-1216 ou Montréal: (514) 848-9107
Télec.: (418) 656-0183

Association internationale des professionnels
de la communication
Att.: Mme Monique Gosselin, 2549, rue Rosemont, bureau 101,
Montréal (Québec), H1Y 1K5
Tél.: (514) 725-0288 Télec.: (514) 729-3380

2.10 LES FOIRES EXPOSITIONS

Les foires expositions réunissent les entreprises d'un secteur ou d'une région. Lieux privilégiés pour mieux connaître les produits des entreprises et jauger le dynamisme du secteur, elles peuvent également vous permettre d'avoir un contact direct et non formel avec des employeurs potentiels.

Généralement, en communiquant avec la chambre de commerce de votre localité, vous pourrez obtenir les dates des expositions ouvertes au public.

Voici la liste des principaux centres de congrès où se déroulent les expositions.

Palais des congrès de Montréal
201, rue Viger, Montréal (Québec), H2Z 1X7
Tél.: (514) 871-8122 Télec.: (514) 871-9389

Place Bonaventure
C.P. 1000, Place Bonaventure, Montréal (Québec), H5A 1G1
Tél.: (514) 397-2222 Télec.: (514) 397-2384

Centre des congrès de Québec
1000 René-Lévesque Est, Québec (Québec) G2R 1B5
Tél.: (418) 644-4000

Association des bureaux de congrès du Québec (ABCQ)
a/s Office du tourisme de Laval, 2900, boul. Saint-Martin Ouest,
Laval (Québec), H7T 2J2
Tél.: (514) 682-5522 Sans frais 1-800-463-3765
Télec.: (514) 682-7304

Info-congrès
3 nos par an, périodique annonçant les congrès colloques, festivals, expositions, foires, salons, journées/semaines/mois thématiques à venir au Québec. Les événements présentés par ordre chronologique, sont accompagnés des renseignements suivants: date, lieu, thème, nom de l'organisateur, assistance prévue ainsi que nom, téléphone et télécopieur, d'une personne-contact.

Québec dans le monde
C.P. 8503, Sainte-Foy (Québec), G1V 4N5
Tél.: (418) 659-5540 Télec.: (418) 659-4143

2.11 CENTRES RESSOURCES À LA RECHERCHE D'EMPLOI

Organismes:
Les Sociétés québécoises de développement de la main-d'œuvre.
Siège social: SQDM, 625, rue Saint-Amable, 1er étage, Québec
(Québec), G1H 2G5
Tél.: (418) 643-1892 Télec.: (418) 643-1714

Direction des communications:
Tél.: (514) 873-1892
Télec.: (514)864-4854

Sa mission:
La Société québécoise de développement de la main-d'œuvre a
pour mission de promouvoir, de soutenir le développement de la
main-d'œuvre et de favoriser l'équilibre entre l'offre et la demande
de main-d'œuvre sur le marché du travail et de l'emploi au Québec.

Son mandat:
En partenariat avec les organismes ou les établissements con-
cernés, la Société a la responsabilité d'élaborer, de mettre en œuvre
et de gérer des services dans les domaines de la formation professionnelle, du recyclage, du reclassement et du placement de la main-
d'œuvre ainsi que dans celui de l'aide à l'emploi et à la gestion des
ressources humaines.

Répertoires:

Répertoires des services communautaires du Grand Montréal 1996
Centre de référence du Grand Montréal,
881, boul. de Maisonneuve Est, Montréal (Québec), H2L 1Y8
Tél.: (514) 527-1375 Télec.: (514) 527-9712

Répertoire industriel Scott: manufacturiers du Québec
Répertoire industriel Scott, 3300, chemin de la Côte-Vertu,
bureau 410, Saint-Laurent (Québec), H4R 2B7
Tél.: (514) 339-1397 ou 1-800-363-1327

Répertoire des associations du Canada
Micromedia Ltd., 20 Victoria Street,
Toronto (Ontario), M5C 2N8
Tél.: (416) 362-5211

Répertoires des organismes jeunesse
Conseil permanent de la jeunesse,
580, Grande Allée Est, bureau 440, Québec (Québec) G1R 2K2
Tél.: (418) 644-9595 Extérieur de Québec: 1-800-363-1049

Qui fait quoi, Guide annuel de la culture et des communications du Québec
1276, rue Amherst, Montréal (Québec) H2L 3K8
Tél.: (514) 842-5333 Télec.: (514) 842-6717

Répertoire des organismes ROSE et services employabilité
YWCA, 1355, boul. René-Lévesque Ouest,
Montréal (Québec) H3G 1T3
Tél.: (514) 866-9941 # 416 Télec.: (514) 866-4866

Publications:

The Canadian Guide to Working and Living overseas, 2nd edition, Jean-Marc Hachey, Systèmes interculturels (ISSI), 1995.

Publication des produits touchant le développement des professions et des carrières
Centre des renseignements, Développement des ressources humaines Canada, 140, Promenade du Portage,
Hull (Québec), K1A 0J9
Télec.: (819) 953-7260 Internet: http://www.globalx.net/ocd

Publications du Québec
2, Complexe Desjardins, Tour de l'Est, niveau de la Place, Montréal (Québec), H5B 1B8
Tél.: (514) 873-6101
Commande postale: C.P. 1005, Québec (Québec), G1K 7B5
Tél.: 1-800-463-2100 Télec.: 1-800-561-3479

Publications fédérales
1185, rue Université, Montréal (Québec), H3B 3A7
Tél.: (514) 954-1633 Télec.: (514) 954-1635

Association Québec dans le monde
Ses objectifs:
Québec dans le monde est une association à but non lucratif et sans affiliation politique qui a obtenu la personnalité juridique à Québec

en 1983. Elle a pour but de faire connaître le Québec, ses ressources et sa spécificité culturelle dans le monde. Ses effectifs se composent de plusieurs centaines de membres québécois et de partenaires internationaux.

Ses moyens d'action:

Ses efforts portent dans trois directions: édition d'ouvrages de référence (répertoires, bottins) sur le Québec; publication des périodiques *Québec Actualité*, *InfoCongrès* et *Québec - Monde*; soutien fourni à un réseau de partenaires internationaux.

Pour obtenir de plus amples renseignements s'adresser à:

Québec dans le monde

C.P. 8503, Sainte-Foy (Québec), G1V 4N5

Tél.: (418) 659-5540 Télec.: 659-4143

Catalogue 1995:

Répertoires sur le Québec

Répertoires descriptifs avec information appropriée: adresses, téléphones, télécopieurs, descripteurs, etc. Avec classement alphabétique, index par sujets ou régions, annexes. Mise à jour aux deux ans, sauf indication contraire. Format 15 X 22cm.

Associations Québec - 1995

Annuaire. Quelque 3500 associations régionales, nationales ou internationales majeures du Québec: centres - cercles - chambres de commerce - comités - confédérations - conférences - conseils - corporations professionnelles - coopératives - fédérations - fondations - groupements - ligues - mouvements - regroupements - sociétés - syndicats - etc. Index par sujets. 1er trimestre 1995.

Éducation et formation au Québec - 1993-1994

Troisième édition revue et augmentée. Quelque 1200 organismes: associations professionnelles - syndicats - commissions scolaires - établissements d'enseignements post-secondaires - organismes publics - facultés d'éducation - éditeurs de manuels scolaires - formation professionnelle - centres de recherche - éducation des adultes - périodiques - répertoires - guides pratiques - etc. 160 pages. 2e trimestre 1993.

Le Québec international - 1994-995

Environ 920 organismes québécois ou étrangers: instituts missionnaires - ONG - organismes publics - firmes d'experts-conseils - ambassades et consulats - délégations - clubs - multinationales - associations - festivals - programmes d'échanges - troupes culturelles - exportateurs - centres d'études - etc. 132 pages. 2e trimestre 1994.

Médias et communications au Québec - 1995
Annuaire. Quelque 1406 organismes: quotidiens - hebdos régionaux
- mensuels - trimestriels - journaux communautaires - radios - télévisions - banques de données - câblodistributeurs - agences de publicité
- télécommunication - associations - groupes - réseaux - organismes
publics - départements de communication - centres de recherche -
publications spécialisées - etc. Index par régions inclus. 4e trimestre
1994.

Loisir et sport au Québec - 1993-1994
Quelque 1500 organismes: fédérations nationales - associations régionales - services de loisir municipaux - zecs - conseils de loisir -
faune - centres communautaires - formation en loisir - centres de
recherche - périodiques - publications spécialisées - etc. Index par
régions inclus. 192 pages 2e trimestre 1993.

Les pouvoirs publics au Québec - 1993-1994
Quelque 975 organismes gouvernementaux canadiens ou québécois:
ministères - commissions - conseils - offices - agences - régies - sociétés d'État - secrétariats - directions générales - bureaux régionaux
- etc. Index par régions inclus. 128 pages. 3e trimestre 1993.

Le Québec à votre portée - 1994-1995
Environ 710 organismes-clés touchant tous les secteurs d'activités:
culture - éducation - communications - économie - politique - loisir
- sport - justice - milieux d'affaires - syndicats - sciences - relations
internationales - arts - tourisme - langues - industrie - commerce -
études québécoises - littérature - etc. 132 pages. 2e trimestre 1994.

Science et technologie au Québec - 1993-1994
Deuxième édition. Quelque 1200 organismes: centres de recherche
- associations scientifiques - bureaux de coordination - organismes
subventionnaires - R&D - vulgarisation - conseils - revues - organismes publics - publications spécialisées - etc. 192 pages. 4e
trimestre 1992.

Art et culture au Québec - 1994-1995
Quelque 2000 organismes touchant tous les secteurs de l'activité culturelle: éditeurs - librairies - bibliothèques - musées - galeries d'art -
centres culturels - organismes publics - producteurs - diffuseurs - créateurs - droits d'auteurs - regroupements - périodiques culturels -
troupes musicales - expositions - conseils - troupes de théâtre - industries culturelles - organismes subventionnaires - services d'animation - arts visuels - arts d'interprétation - etc. 3e trimestre 1994.

Économie et affaires au Québec - 1994-1995
Environ 1500 organismes: industrie - commerce - finance - assurance - agriculture - mines - forêts - pêche - associations patronales
- tourisme - milieux d'affaires - organismes publics - chambres de
commerce - commissariats industriels - firmes majeures - incubateurs
- coopératives - banques - courtage - financement - sidac - revues
d'affaires - expositions - centres de formation - publications spécialisées - etc. 186 pages. 2e trimestre 1994.

Énergie et ressources au Québec - 1993-1994
Quelque 675 organismes: producteurs - distributeurs - transforma-
teurs - transporteurs - regroupements touchant toutes les sources
d'énergie: biomasse, charbon, cogénération, électricité, énergie,
éolienne, nucléaire, solaire, fusion thermonucléaire, gaz naturel, hy-
drocarbures, hydroélectricité, hydrogène, etc. 96 pages. 1er
trimestre 1993.

Autres publications:

Bottin international du Québec - 1995
Annuaire. Noms, coordonnées, pays d'intervention et champs d'activités d'environ 1000 intervenants internationaux. Classements al-
phabétiques (par entreprises et spécialistes), index par secteurs et
par pays. 1er trimestre 1994.

Bottin touristique du Québec - 1995-1996

Anniversaires et fêtes au Québec (environ 800 anniversaires)

Éphémérides. Évocations d'anniversaires parmi les plus importants
du Québec. 160 pages. 3e trimestre 1993.

Listes informatisées sur le Québec:

Québec dans le monde, Sainte-Foy (Québec)
Tél.: (418) 659-5540 Télec.: (418) 659-4143
Noms des listes informatisées:
Agro-alimentaire - associations - bibliothèques - culture - économie
(et finance) - éducation (et écoles) - énergie - femme - francopho-
nie (et monde) - international - justice - langue - loisir - média - mu-
nicipalités - portée - pouvoir - santé - science - tourisme - transport.

L'autoroute électronique:

Depuis quelques années le marché de l'édition assiste à une véritable explosion de la publication d'ouvrages traitant de la recherche d'emploi sur l'internet. Cette prolifération peut laisser croire que la recherche d'emploi sur l'autoroute électronique s'avère très efficace. Tel n'est pas le cas puisqu'un nombre encore limité d'entreprises sont reliées à l'autoroute électronique. De ce nombre limité, un nombre encore plus restreint affiche des postes vacants ou encore procède à la recherche de candidats potentiels en utilisant ce moyen. Pour ces raisons, l'utilisation de l'internet pour afficher un curriculum vitæ ou pour consulter des offres d'emploi demeure d'une efficacité relativement faible.

Cependant, l'utilisation des forums, groupes de discussion et autres lieux d'échange de l'autoroute électronique peut parfois permettre d'étendre le réseau de contacts d'une personne à la recherche d'un emploi.

Finalement, il faut savoir que dans les rares cas où des offres d'emploi sont affichées sur l'internet, il s'agit, dans la très grande majorité des cas, d'emplois techniques très spécialisés ou reliés au domaine de l'informatique.

Évidemment, les renseignements fournis ici résultent d'une observation actuelle de l'utilisation de l'autoroute électronique dans le contexte de la recherche d'emploi. Nul ne connaît à l'avance l'évolution de cet outil technologique et ne saurait prédire exactement le sens qu'elle prendra.

Annexe 3

LES PETITES ANNONCES

3.1 LES PETITES ANNONCES

Les petites annonces ne sont pas le seul moyen de prospection et de recherche d'emploi, mais elles sont de plus en plus utilisées.

En fait, un nombre grandissant d'entreprises utilisent les annonces, soit la section Carrières et Professions, pour les postes administratifs et cadres, soit la section des annonces classées pour les postes cléricaux ou horaires.

La majorité des entreprises font paraître leurs offres d'emploi les journées où le tirage est le plus élevé, habituellement le mercredi et le samedi.

Chicoutimi
Le Quotidien, 1051, boul. Talbot, Chicoutimi (Québec) G7H 5C1
Tél.: (418) 690-8800 ou 545-4474 Télec.: (418) 690-8824

Granby
La Voix de l'Est, a/s Maison des communications,
76, rue Dufferin, Granby (Québec), J2G 9L4
Tél.: (514) 375-4555 Télec.: (514) 777-4865 ou 372-1308

Montréal
Le Devoir, 2050, rue de Bleury, 9e étage,
Montréal (Québec), H3A 3M9
Tél.: (514) 985-3333 ou 985-3355 Sans frais 1-800-463-7559
Télec.: (514) 985-3390

Le Journal de Montréal, 4545, rue Frontenac,
Montréal (Québec), H2H 2R7
Tél.: (514) 521-4545 poste 2971 Télec.: (514) 525-5442

La Presse, 7, rue Saint-Jacques Ouest,
Montréal (Québec), H2Y 1K9
Tél.: (514) 285-6911 Sans frais 624-0024 et 1-800-361-7453
Télec.: (514) 845-7762

The Gazette, 250, rue Saint-Antoine Ouest,
Montréal (Québec), H2Y 3R7
Tél.: (514) 987-2335 Sans frais 1-800-361-8478
et 1-800-361-8479 Télec.: (514) 987-2323

Québec
Le Journal de Québec, 450, avenue Béchard,
Vanier (Québec), G1M 2E9
Tél.: (418) 683-1573 Sans frais 1-800-463-4747
Télec.: (418) 688-8181

Le Soleil, 390, rue Saint-Vallier Est, C.P. 1547,
Québec (Québec), G1K 7J6
Tél.: (418) 647-3233 ou 647-3394 Sans frais 1-800-463-4828
Télec.: (418) 647-3374

Sherbrooke
The Record, 2850, rue Delorme, Sherbrooke (Québec), J1K 1A1
Tél.: (819) 569-6345 Télec.: (819) 569-3945

La Tribune, 1950, rue Roy, Sherbrooke (Québec), J1K 2X8
Tél.: (819) 564-5450 ou 564-5454 Sans frais 1-800-567-6034
Télec.: (819) 564-5480 ou 564-5455

Trois-Rivières
Le Nouvelliste, 1920, rue Bellefeuille, C.P. 668,
Trois-Rivières (Québec), G9A 3X2
Tél.: (819) 376-2501 Ligne directe: 861-5297
Télec.: (819) 376-0946 ou 691-2844

Annexe 4

DROITS ET DÉMARCHES

4.1 LE CONTRAT DE TRAVAIL

Le contrat de travail se définit comme étant un pacte verbal ou rédigé entre un employé et un employeur. Chaque partie ayant des obligations réciproques. Ainsi, l'employé s'engage à fournir un travail à un employeur, moyennant rémunération. Les parties contractantes peuvent chacune de leur côté mettre fin au contrat de travail selon les dispositions explicites prévues au moment de l'établissement du contrat.

Un tel contrat ne doit pas être obligatoirement écrit et signé. Toutefois, un document écrit est fort utile, ne serait-ce que pour servir de moyen de preuve en cas de contestations ultérieures. La plupart des contrats se concluent au cours d'un échange verbal. Cela ne signifie pas pour autant que les ententes ne sont pas réglementées.

Les grande lignes du contrat

Nous vous donnons une grille de réflexion pour la conclusion de votre contrat.

— La période d'essai. Elle est fixée d'un commun accord en tenant compte des usages. Sauf disposition contraire, la durée initiale peut être prolongée sans toutefois excéder une durée «raisonnable» compte tenu de la nature des fonctions.

— La description de tâches. Un point important, c'est sûr! Attachez-vous à des définitions claires et précises d'activité. Il ne s'agit pas, bien sûr, d'exiger une description minute par minute de votre travail, mais un minimum de précisions s'impose sur les objectifs à atteindre et les moyens mis à votre disposition.

— Conditions générales de travail. Assurez-vous qu'elles sont conformes ou qu'elles renvoient aux dispositions des règlements ou politiques de l'entreprise. On ne dira jamais assez la nécessité de lire ces documents avant de signer son contrat.

— Frais de déplacement. En l'absence de dispositions précises des règlements ou politiques de l'entreprise, il est utile de faire préciser le mode de remboursement des frais de déplacement. Les avis sont partagés sur le mode de remboursement préférable: frais réel sur justification, une comptabilité très suivie est nécessaire; indemnités forfaitaires, si l'employeur vous verse plus, la différence constitue un avantage. Toutefois de nature imposable.

— Rupture du contrat. Demander des précisions, notamment sur la durée du préavis en cas de licenciement ou démission et le montant de l'indemnité de licenciement.

Les clauses particulières

— Exclusivité. Elle consiste à vous interdire d'exercer une autre activité. Cette interdiction peut être totale ou partielle (selon votre spécialité ou celle de votre entreprise).

— Inventions. Il arrive que certains employeurs soient titulaires de certains brevets d'invention et qu'ils doivent les révéler à certains employés, d'où la rédaction d'une clause engageant l'employé à ne pas divulguer ces secrets à une autre entreprise ou à s'en servir pour son propre compte. Quand aux inventions faites par le salarié dans le cadre d'une «mission inventive» qui découle des activités de l'entreprise, la loi prévoit qu'elles appartiennent à l'entreprise.

— Mobilité. Sauf le cas d'un poste qui implique des déplacements quasi permanents, une clause peut être insérée au contrat, qui prévoit la possibilité de mutation dans un autre établissement ou une filiale de l'entreprise en dehors d'un rayon d'espace établi au préalable. Il n'est pas inutile dans ce cas de demander des précisions sur les modalités pratiques d'une telle opération: délai de prévenance et de réponse, cas de refus, prise en charge des frais, etc.

— Non-concurrence. La clause de non-concurrence a pour but, elle, d'interdire au salarié, à l'expiration du contrat, d'exercer une activité concurrente. Cette clause restrictive est valable si elle est limitée dans l'espace et le temps. Cette clause peut prévoir les indemnités que le salarié devra verser à l'entreprise en cas de non-respect de la clause. Toutefois, si elle restreint trop la liberté individuelle, elle n'est pas acceptée par les tribunaux.

Le salaire et les émoluments

La libre négociation des salaires fait la loi des parties. En dehors de la réglementation du salaire minimum, rien ne donne d'obligation en la matière. Toutefois, les politiques de rémunération de l'entreprise peuvent prévoir une grille de classification et, de votre positionnement de départ dans cette grille, peut découler l'évolution de votre rémunération future. D'où l'intérêt de s'informer au préalable pour négocier une juste intégration dans cette grille Ceci étant, dans un contrat rédigé et signé, la rémunération d'un poste s'exprime rarement par un simple chiffre. D'abord parce qu'il y a ce qu'on appelle la rémunération indirecte qui va des «avantages sociaux» spécifiques à l'entreprise (régime de retraite, par exemple) aux avantages de tout ordre: réduction sur l'achat des produits ou services de l'entreprise, congés payés plus longs, avantages en nature (voiture, etc.). Si on ne peut que très rarement parler d'un salaire en chiffres ronds, c'est aussi parce que celui-ci comporte souvent des éléments variables tels que intéressements et primes.

— Intéressements. Le but de l'entreprise est d'améliorer le niveau de «rendement» individuel et d'attirer et retenir les collaborateurs de valeur. L'intéressement peut être lié soit aux résultats généraux de l'entreprise (rendement des actions, bénéfice net, chiffres d'affaires...) soit au rendement individuel (amélioration de la productivité, de la qualité pour un chef de production par exemple). Si la rémunération proposée comporte un intéressement de cet ordre, il est indispensable de vous faire préciser les critère retenus et la méthode d'appréciation qui sera utilisée.

— Primes. Aussi variées que nombreuses, elles défient l'énumération. Certaines sont exceptionnelles et n'entrent donc pas dans la négociation initiale, d'autres ont un caractère permanent et sont versées à date fixe. Ces dernières seront prises en compte lors de la fixation du salaire de départ et il est donc indispensable d'en connaître très exactement les règles de paiement.

— Les sources d'information. Pour négocier ou tout au moins apprécier sérieusement l'offre faite pour un poste déterminé, rien ne vaut la bonne vieille comparaison: recoupement avec le salaire d'amis de même formation occupant des postes similaire, avec les offres pour des emplois équivalents ou de même famille. Tous les moyens sont bons, même les moyens artisanaux.

4.2 L'ASSURANCE-EMPLOI (LE CHÔMAGE)

Nous n'aborderons pas ici la loi de l'assurance-emploi: l'objectif est de connaître les grandes lignes pour s'y retrouver.

Points saillants

Nouveau système de détermination de l'admissibilité:
— basé sur le nombre total d'heures: entre 420 et 700 heures de travail selon le taux de chômage régional.
— normes d'admissibilité plus élevées pour les nouveaux venus et les rentrants: 910 heures de travail.
Nouveau régime de prestations:
— basé sur la rémunération totale pendant un nombre fixe de semaines consécutives selon le taux de chômage régional.
— réduction de la durée maximale de 50 à 45 semaines.
— réduction du taux de prestations selon les prestations touchées antérieurement: baisse de 1% jusqu'au seuil de 50% pour chaque tranche de 20 semaines de prestations reçues au cours des derniers 5 ans.
— plus grande récupération des prestations auprès des hauts salariés.
— supplément familial pour les prestataires de familles à faible revenu.
— seuil de rémunération admissible pendant les périodes de prestations: 25% des prestations jusqu'à 50 $ par semaine.

Structure de financement

— protection à partir du 1er dollar gagné.
— remboursement des cotisations si le salaire annuel est inférieur à 2000 $.
— remboursement temporaire des prestations pour les petites entreprises (moins de 30 000 $ en cotisations annuelles): 1997: 50% de la portion d'augmentation excédant 500 $. 1998: 25% de la portion d'augmentation excédant 500 $.
— réduction du maximum de la rémunération assurable de 42 380 $ à 39 000 $ (taux hebdomadaire de 413 $).
— baisse du taux des cotisations de 3 $ à 2,95 $ et stabilisation de ce même taux en constituant une réserve face aux fluctuations économiques (périodes de récession).

Où et comment s'inscrire?

L'inscription se fait auprès des Centres de ressources humaines Canada de votre localité, auprès duquel vous devez ensuite vous rapporter régulièrement.

4.3 DÉMISSION/LICENCIEMENT

Licenciement ou démission, il s'agit dans les deux cas d'une rupture de contrat de travail. Les droits, les obligations, les démarches... Un parcours à reconnaître au préalable pour réussir sa «rupture».

Démission

Dans la majorité des cas, une fois donnée, votre démission ne pourra plus être reprise, et celle-ci ne donne pas droit à des prestations d'assurance-emploi. À moins d'avoir une offre d'emploi ailleurs, autant dire qu'il est important d'attendre pour se donner le temps de réflexion. En tout premier lieu, demandez-vous si le poste que vous recherchez ne se trouve pas dans l'entreprise que vous désirez quitter. Sauf si votre désir de changement s'accompagne d'un besoin de sortir d'une atmosphère de travail, n'hésitez pas à aborder ce sujet avec les responsables de l'entreprise.

Dans tous les cas, ne donnez pas votre démission avant d'avoir entamé sérieusement vos recherches d'un emploi; l'idéal étant bien sûr de ne démissionner qu'après avoir trouvé du solide.

— La forme. La démission se matérialise par la remise à l'employeur d'une lettre signifiant vos intentions. À moins de partir fâché, parlez-en à votre supérieur hiérarchique en lui donnant les motifs. Si vous quittez mécontent, évitez de donner les vraies raisons sous le coup de l'impulsion, même si vous avez raison. Il est préférable de citer des motifs comme... besoins de se réaliser, recherche de nouvelles responsabilités ou de rémunération. Une fois la décision prise, «vider votre sac» ne vous apportera rien de plus. Cela pourrait même vous desservir: 1) un employeur potentiel cherchera dans bien des cas des renseignements sur vous et contactera sûrement vos anciens employeurs; 2) comment savoir si votre route professionnelle ne croisera jamais celle de votre ancien employeur?

— Le préavis. À moins d'avoir un contrat de travail rédigé et signé dont les clauses de séparation stipulent des dispositions précises à cet effet, l'usage général est de deux semaines. Vous pouvez être dispensé de faire votre préavis. C'est-à-dire qu'à l'initiative de votre employeur, ce dernier vous versera une indemnité égale au salaire correspondant à cette période de travail non effectuée.

Licenciement

Licencié, la situation paraît plus claire d'une certaine façon, puisque vous n'êtes pas l'initiateur de la rupture. De nombreux salariés se trouvent un jour ou l'autre dans ce cas et il est bon de se rappeler qu'en de telles circonstances, il faut garder ses justes proportions de l'événement et surtout, préserver le moral des troupes.

— Le préavis. En cas de licenciement, le Code du travail du Québec prévoit deux semaines de préavis pour une ancienneté allant d'un an à cinq ans; 4 semaines pour cinq ans jusqu'à dix ans et 8 semaines pour dix années et plus d'ancienneté. En cas de faute grave caractérisée, le licenciement intervient sans préavis.

Souvent, au moment du préavis, un employeur accordera un certain nombre de jours de recherche d'emploi auxquels vous avez droit pendant le préavis et qui vous seront payés comme s'ils avaient été travaillés.

— Les indemnités. Le montant des indemnités varie selon les entreprises et les considérations relatives à chacune d'elles. Toutefois, toutes les entreprises doivent rembourser aux employés qu'elles licencient, une indemnité que l'on appelle «le 4%». Ce pourcentage est fonction du salaire de l'employé et de son ancienneté. Dans certains cas, ce pourcentage peut s'élever jusqu'à 6%. Un licenciement pour faute grave ne prive pas l'employé de cette indemnité.

Pour en savoir plus:

Vous et votre emploi, revue thématique *Actif* no 1

«Comment protéger votre emploi: Tout sur l'embauche, le licenciement, l'augmentation de votre salaire», Me Odette Bouchard, Me Pierre Hébert, Me Madeleine Leduc, Me Lise I. Beaudoin, Me Laval Dallaire, Me Paul Dupéré, Me Sylvain Lussier, Édibec inc., Montréal, 1994.

Tél.: (514) 843-9191 Télec.: (514) 843-3604

Annexe 5

GUIDES ET RESSOURCES
AU DÉMARRAGE D'ENTREPRISES

5.1 BROCHURES

Fonder une entreprise, Communication-Québec, 4e édition, 1995.
Cette brochure peut être commandée gratuitement en contactant
votre bureau de Communication-Québec local:
Si vous devez passer par l'interurbain, composez le numéro sans
frais 1-800-363-1363

Baie-Comeau
625, boul. Laflèche, bureau 203,
Baie-Comeau (Québec) G5C 1C5
Tél.: (418) 295-4000

Drummondville
315, rue Hériot, Drummondville (Québec) J2B 1A6
Tél.: (819) 475-8777

Gaspé
167, rue de la Reine, C.P. 1610, Place Jacques-Cartier,
Gaspé (Québec), G0C 1R0
Tél.: (418) 368-2550

Granby
77, rue Principale, Granby (Québec), J2G 9B3
Tél.: (514) 776-7100

Hull
170, rue de l'Hôtel-de-Ville, bureau 120, Hull (Québec), J8X 4C2
Tél.: (819) 772-3232

Îles-de-la-Madeleine
224-A, route Principale, C.P. 340,
Cap-aux-Meules (Québec), G0B 1B0
Tél.: (418) 986-3222

Joliette
420, rue de Lanaudière, Joliette (Québec), J6E 7X1
Tél.: (514) 752-6800

Jonquière
3950, boul. Harvey, Jonquière (Québec), G7X 8L6
Tél.: (418) 695-7850

Laval
1796, boul. des Laurentides, Laval (Québec), H7M 2P6
Tél.: (514) 873-5555 ou (514) 669-3775

Longueuil
118, rue Guilbault, Longueuil (Québec), J4H 2T2
Tél.: (514) 928-7777 (s'il y a des frais d'interurbain à ce numéro,
faites plutôt le (514) 873-8989)

Montréal
2, Complexe Desjardins, Galerie de l'Est, Niveau de la Place,
C.P. 691, Montréal (Québec), H5B 1B8 (Métro Place-des-Arts ou
Place-d'Armes)
Tél.: (514) 873-2111

Québec
870, boul. Charest Est, Québec (Québec), G1K 8S5
Tél.: (418) 643-1344

Rimouski
337, rue Moreault, R.C., Rimouski (Québec), G5L 1P4
Tél.: (418) 727-3939

Rouyn-Noranda
108, rue Principale, Rouyn-Noranda (Québec), J9X 4P2
Tél.: (819) 764-3241

Saint-Félicien
1209, boul. Sacré-Cœur, C.P. 7,
Saint-Félicien (Québec), G8K 2P8
Tél.: (418) 679-0433

Saint-Georges
11287, 1re Avenue Est, Saint-Georges (Québec), G5Y 2C2
Tél.: (418) 227-1122

Saint-Hyacinthe
600, avenue Sainte-Anne, Saint-Hyacinthe (Québec), J2S 5G5
Tél.: (514) 778-6500

Saint-Jean-sur-Richelieu
245, rue Richelieu, Saint-Jean-sur-Richelieu (Québec), J3B 6X9
Tél.: (514) 346-6879

Saint-Jérôme
222, rue Saint-Georges, Saint-Jérôme (Québec), J7Z 4Z9
Tél.: (514) 569-3019

Salaberry-de-Valleyfield
83, rue Champlain, Salaberry-de-Valleyfield (Québec), J6T 1W4
Tél.: (514) 370-3000

Sept-Îles
456, rue Arnaud, Sept-Îles (Québec), G4R 3B1
Tél.: (418) 964-8000

Sherbrooke
200, rue Belvédère Nord, bureau R.C. 02,
Sherbrooke (Québec), J1H 4A9
Tél.: (819) 820-3000

Thetford Mines
183, rue Pie XI, Thetford Mines (Québec), G6G 3N3
Tél.: (418) 338-0181

Trois-Rivières
225, rue des Forges, bureau 108,
Trois-Rivières (Québec), G9A 2G7
Tél.: (819) 371-6121

Val-d'Or
Place du Québec, 888, 3e Avenue, Val-d'Or (Québec), J9P 5E6
Tél.: (819) 825-3166

Accès par téléscripteur seulement
Les personnes sourdes, muettes ou malentendantes peuvent utiliser
un téléscripteur. Les numéros suivants sont réservés à cet usage:
873-4626 (région de Montréal);
1-800-361-9596 (autres régions du Québec).

Se lancer en affaires
Développement des ressources humaines Canada, 1995.
Cette brochure est disponible gratuitement auprès de:
Centre de renseignements, Développement des ressources hu-
maines Canada, 140, promenade du Portage, Portage IV, niveau 0,
Hull (Québec), K1A 0J9
Tél.: (819) 953-7260

Autre document disponible en librairie:

Annuaire des subventions au Québec, 555 programmes d'aide et de subventions, édition révisée janvier 1996, Michel Goyette , Édition CACMM, Montréal.

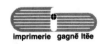

imprimerie gagné ltée

IMPRIMÉ AU CANADA